日本労働法学会誌125号

労働組合法立法史の意義と課題

日本労働法学会編
2015
法律文化社

目　次

《シンポジウム》
労働組合法立法史の意義と課題

《報告》
報告の趣旨と構成……………………………………野川　　忍　　3
労働組合法立法過程にみる労働組合の規制の変容……富永　晃一　　7
団体交渉過程の制度化，統一的労働条件決定システム
　構築の試みと挫折………………………………竹内（奥野）寿　24
　――昭和24年労働組合法改正における団体交渉,
　　　労働協約の適用にかかる規定の検討を中心に――
昭和24年労働組合法の立法過程と不当労働行為制度…中窪　裕也　42
　――アメリカ化の圧力，反作用，断裂――
昭和20年・24年労組法における労働委員会制度の生成…野田　　進　62
　――その生成経緯から見た現代的課題――
労使関係論からみた昭和24年労組法改正過程…………仁田　道夫　84
　――アメリカ・モデルと戦後直後型労使関係の相克？――

《シンポジウムの記録》
労働組合法立法史の意義と課題……………………………………102

《回顧と展望》
「『多様な正社員の普及・拡大のための有識者懇談会』
　報告書」の検討………………………………………山本　圭子　135

i

安全配慮義務違反に基づく損害賠償と
　過失相殺・素因減額……………………………………………石﨑由希子　145
　　──東芝（うつ病・解雇）事件・最二小判平成26・3・24労判1094号22頁──
雇止め対象者の選定基準の不告知と雇止めの有効性…篠原　信貴　156
　　──日本郵便（苫小牧支店・時給制契約社員A雇止め）事件・
　　　札幌高判平成26・2・14労判1093号74頁，
　　　日本郵便（苫小牧支店・時給制契約社員B雇止め）事件・
　　　札幌高判平成26・3・13労判1093号5頁──

日本労働法学会第128回大会記事………………………………………………… 167
日本労働法学会第129回大会案内………………………………………………… 172
日本労働法学会規約………………………………………………………………… 174
SUMMARY …………………………………………………………………………… 177

《シンポジウム》
労働組合法立法史の意義と課題

報告の趣旨と構成	野川　忍
労働組合法立法過程にみる労働組合の規制の変容	富永　晃一
団体交渉過程の制度化，統一的労働条件決定システム構築の試みと挫折	竹内(奥野)寿
──昭和24年労働組合法改正における団体交渉，労働協約の適用にかかる規定の検討を中心に──	
昭和24年労働組合法の立法過程と不当労働行為制度	中窪　裕也
──アメリカ化の圧力，反作用，断裂──	
昭和20年・24年労組法における労働委員会制度の生成	野田　進
──その生成経緯から見た現代的課題──	
労使関係論からみた昭和24年労組法改正過程	仁田　道夫
──アメリカ・モデルと戦後直後型労使関係の相克?──	

《シンポジウムの記録》
労働組合法立法史の意義と課題

《シンポジウム》

報告の趣旨と構成

野 川　忍
（明治大学）

　労働組合法は，第二次大戦終了後もっとも早い段階で制定された重要法令の一つであり，いまだ憲法の草案さえできていない1945年12月に制定されている（以下「20年法」）。戦後日本の新しい社会体制を整えるうえで，労使関係の制度的構築とその普及とがいかに重要な課題であったかを物語る事実と言えよう。その後労組法は1949年に抜本改正を施され，周知のとおり現行労組法はこの24年労組法（以下「24年法」）を直接の端緒としている。さらに1952年には，その結果のみならず議論の過程において大きな意義を有する改正がなされ，今日に至っている。

　この労組法の立法過程については，旧労働省の手になる労働行政史（労働法令研究会，1961，69，82年），及び資料労働運動史（労務行政研究所，1951～）などの官庁による詳細な資料のほか，占領史の観点から竹前栄治『戦後労働改革――GHQ労働政策史』（東京大学出版会，1982年），遠藤公嗣『日本占領と労資関係政策の成立』（東京大学出版会，1989年）が主としてGHQの占領政策との関係から一定の検討をしており，また立法作業に携わった者の立場から，当時の労政局長賀来才二郎氏による『改正労働組合法の詳解』（中央労働学園，1949年）なども公刊されている。しかしこれらは，それぞれ個々の観点から労組法の立法と展開について鋭い分析を加えていることに重要な意義を有するものの，20年労組法制定の当初から27年改正に至るまでの経緯につき，具体的な草案・法案の中身に立ち入って詳細に検討を加える作業はなされてこなかった。この点，労組法と同様に労働法制の中核を担う労働基準法については，その立法経緯につき，第98回の日本労働法学会大会の大シンポにおいて検討され，その成果は

シンポジウム（報告①）

学会誌労働法95号に掲載されているほか，『日本立法資料全集』（信山社）の51巻～56巻までの6冊（1996～2011年）において詳細に検討されている。

　このような状況を踏まえ，かつ，すでに渡辺章会員を代表として労組法立法史に関する研究会が，厚労省に所蔵されていた労組法立法に係る膨大な一次資料と他の関連資料を素材として研究を進め，その成果が2013年4月には労働問題リサーチセンターから『労働関係法令の立法史料研究（労働組合法関係）』として，また2014年5月には，JILPTより，『労働組合法立法史料研究（条文史料篇）』，同『解題篇』の2冊として公刊されていることを契機として，この研究会のメンバーを中心に，今回の128回大会における大シンポのテーマとして，「労働組合法立法史の意義と課題」が取り上げられることとなった。

　また，労働基準法立法史について検討した98回大会では，先に紹介した『日本占領と労資関係政策の成立』を著した遠藤公嗣教授にご参加いただいたが，今回の労組法立法史に関する報告では，労使関係論の分野におけるリーダー的存在である仁田道夫教授にご参加いただき，労使関係論の切り口から，労組法立法過程にみられる課題・問題点等を検討していただくこととした。

　具体的な報告の構成としては，まず，学会員である労働法研究者4人から，現在の労組法の体系を前提としつつ，特に注目すべき重要課題ごとに報告内容を区分して報告する。報告全体に通底する共通の前提として，中心的な対象は24年法であるものの，やはり20年法にも言及し，二つの法律の関係について分析する。周知のとおり，20年法の制定過程と24年法のそれとの間には，政治情勢も法体系の枠組みも大きく異なっているほか，GHQの関与のありかたも変化している。言うまでもなく20年法の当時はまだ帝国憲法の施行下で戦後体制はほとんど整っていなかったが，24年法制定当時は，すでに日本国憲法が施行され，労基法・労災保険法も整備されていたこと，また2・1ゼネストを経てGHQの占領政策が転換していたなどの経緯があり，これらを踏まえたうえで24年法の検討を行うことは，現行労組法の意義や特質を考えるうえでも不可欠の作業であると思われる。

　また，24年法については，昭和23年11月からの3回にわたるGHQの勧告に始まり，24年1月9日づけの労働省労働法規課による最初の草案（これを第一

次案とする）から、国会提出法案に至るまで、十数度にわたる草案があり、今回の報告ではそれらに第一次案から第十二次案というナンバリングを付して紹介するほか、それらの修正案や英文による草案なども取り上げる。

さらに各報告者の報告には、「法案転換」という言葉が頻出するが、これは、労組法の10回を超える草案策定作業の中で、それまでの作業の進捗がいったん白紙に戻って全く新たな方向に転換したという事実があり、その転換点を意味している。具体的には、昭和24年3月29日にGHQより英文で示された「第8次案」であり、その前の第七次案までにかなり進んでいた団体交渉に関する広範な規定、特に詳細な交渉単位制などの、現在からみて非常に重要な内容が包括的に削除されるなど、その後の法案作成の分岐点となるものである。各報告においてその影響や意義がそれぞれの観点から検討される。

以上を踏まえ、報告の構成は、まず総則と労働組合に関する部分を第一報告の富永会員が扱う。ここでは、昨今労使関係法制における重要テーマの一つとして盛んに議論されている第3条の労働者性や、使用者の利益代表者、労働組合の規約、及び民刑事免責についての規定の変遷が検討される。

つぎに団体交渉と労働協約に関する部分を第二報告の竹内会員が取り上げ、上述の「法案転換」をめぐる問題の分析、団体交渉過程についての制度化の試みとその挫折の経緯、労働協約の適用範囲や期間をめぐる諸規定の変遷を通じて、労働条件の統一的決定に向けた努力の内実やこれに関するGHQの関わりが検討される。

さらに不当労働行為制度につき、第三報告の中窪会員が、刑事規定であった20年法から行政救済による不当労働行為制度に転換した24年法の成立につき、アメリカ法の影響とこれに対抗する動きを動的にとらえながら検討し、日本型の不当労働行為制度がもたらした問題点や、今後の在り方に関する示唆についても指摘される。

加えて現行法においても労組法の中の大半を占めるといってよい労働委員会制度について、第四報告の野田会員が、20年法においてすでに設置されていた労働委員会制度の内容とその問題点を指摘し、さらに24年法による労働委員会制度の特質、三者構成の成立とその課題、中労委と地労委という構造の生成過

シンポジウム（報告①）

程と二元制度の有する課題などにつき，現代の労働委員会制度を踏まえた検討を行う。

最後に，仁田道夫教授より，特に経費援助と労働協約の期間をめぐる動きに焦点が当てられ，経営協議会の消長，労使協議制の意義などが検討される。これらの問題に対するGHQや日本の労政当局及び労使の当事者の動きを通して，戦後労使関係制度の可能性について一定の示唆が示される。

現在の日本においては，労基法をはじめ均等法，パート労働法，労働契約法など主として個別的労働関係を対象とした法制度の改訂が活発に行われているが，憲法28条にもとづく労使関係制度の再構築も喫緊の課題として認識されつつある。今回の報告とその後のシンポジウムは，その課題に対する有益な貢献となりうるものと考える。

（のがわ　しのぶ）

労働組合法立法過程にみる労働組合の規制の変容

富 永 晃 一

(上智大学)

I　はじめに

　本稿の目的は，労働組合法（以下「労組法」と略記することがある）上の労働組合の規制中，特に労働者，使用者と利益代表者に関する部分の立法の経緯を紹介し，労組法の解釈論における示唆ないし手がかりを得ることにある。
　戦前から労働組合法の立法は試みられていたが[1]，これらの法案（例えば，昭和6年政府案等）は，労働組合を一定の型に嵌めて統制するという色彩が強いものだった。これに対し昭和20年制定の労組法（以下では「20年労組法」ないし「20年法」と略記）は，労働組合の自然発生性を重視し，放任的と評されるほど労働組合とその活動の範囲を広く認めた。他方，昭和24年の全面改正による現行の労働組合法（以下では「24年労組法」ないし「24年法」と略記）は，労働組合の自主性・民主性確保の趣旨を名目に，法適合組合に関する要件を厳格化した。
　本稿では，厚生労働省で保管されていた20年労組法・24年労組法の立法史料[2]を中心に，労働組合の主体である労働者・使用者，利益代表者に関する労組法の規制に関し，立法経緯をごく簡単に紹介し，併せて解釈論上の手がかりにつ

---

1)　戦前の労組法案・20年労組法等に関する先行論文として，手塚和彰「戦前の労働組合法問題と旧労働組合法の形成と展開(一)(二)」社会科学研究22巻2号（1970年）151頁・23巻2号（1971年）137頁，向山寛夫「戦前における労働組合法案(一)(二・完)―戦後の旧法との比較」国学院法学17巻1号（1979年）191頁・2号（1979年）33頁，深山喜一郎「第一次大戦後のわが国における労働組合法案の展開」高橋幸八郎編『日本近代化の研究　下』（東京大学出版会，1972年）89頁等がある。
2)　これらの史料の発見の経緯については，労働関係法令立法史料研究会『労働関係法令の立法史料研究（労働組合法関係）』（労働問題リサーチセンター，2013年）のはしがきを参照されたい。

いて若干の私見を述べることとしたい。

本稿は第128回労働法学会での報告を基にしているが，筆者の能力不足と紙幅の制約のため，同報告内容の主題から組合規約と刑民事免責に関する部分を割愛し，また20年法・24年法の制定経過の詳細（各次案の日付・内容等）の紹介を省いた（制定経過の詳細については，独立行政法人労働政策研究・研修機構編『労働組合法立法史料研究（条文史料篇）』『労働組合法立法史料研究（解題篇）』（独立行政法人労働政策研究・研修機構，2014）を参照されたい[3]）。また以下，史料内容等の引用については，20年法の条文（案）を除き，原則として新字体・新仮名づかいで表記している。

II　労働者・使用者・利益代表者

1　問　　題

労組法上の当事者概念（労働者性・使用者性）や利益代表者の概念に関しては，今なお解釈論上の争点が残されている。例えば労組法上の労働者概念については，近時，最高裁の判断が示され，個別的労働関係法上の労働者概念より広汎であると推測されているが[4]，その外延が明確となったとまでは言い難い。労組法上の使用者性についても，例えば派遣元に雇用される派遣労働者（偽装請負等において請負者に雇用される労働者を含む）に対し，派遣先（発注者）が労組法7条の使用者となるか否かが訴訟上で争われているなど[5]，不明確な点が多い。

2　制定経緯
(1)　20年労組法立法時の経緯・議論

戦前の労組法案，例えば昭和6年政府案では，労働組合に加入できるのは

3）　http://www.jil.go.jp/kokunai/reports/report004.htm で参照可能である。
4）　INAXメンテナンス事件・最三小判平成23・4・12労判1026号27頁，新国立劇場事件・最三小判平成23・4・12民集65巻3号943頁，ビクターエンジニアリング事件・最判平成24・2・21民集66巻3号955頁。この問題をめぐる議論の経緯について，竹内（奥野）寿「文献研究労働法学（第3回）労働組合法上の労働者」季労235号（2011年）230頁，川口美貴『労働者概念の再構成』（関西大学出版部，2012年）215頁以下が詳細である。

「労働者」（当時の用法でブルーカラー（肉体労働者）を意味した）であり，「職員」（当時の用法ではホワイトカラー（精神労働者）を意味した）は労働組合への加入対象外であるなど，労働組合の成立範囲を限定する傾向があった。

これに対し，20年労組法は労組法上の労働者を広く定義した。しかし労務法制審議委員会（以下「労法審」と略記）での議論では，労働者・使用者等の概念の詳細は十分には明確にされなかった。会議録をみると，以下のことが確認される。

まず，労働組合の主体である労働者（第1次案では「労務者」）については，肉体労働者のみならず精神労働者も含むものとされ（第1回労法審），また現に労働契約上にある被傭者のみならず，失業者，下級官吏，外国人等を含みうるよう「給料生活者」とすべきだと提案された（第2回労法審，第1回整理委員会）。この案が採られ，若干の表現の変遷を経て，労法審の答申案では「労働者トハ職業ノ種類ヲ問ハズ広ク賃金其ノ他給料ニヨリ生活スル者ヲ謂フ」と規定された。国会提出法案ではこれが「本法ニ於テ労働者トハ職業ノ種類ヲ問ハズ賃金，給料其ノ他之ニ準ズル収入ニ依リ生活スル者ヲ謂フ」と修正され，可決成立した。

使用者の概念はあまり深く議論されず，例えば公務員について，団交の相手

---

5) 神戸刑務所事件・大阪高判平成25・1・16労判1080号73頁，阪急交通社事件・東京地判平成25・12・5労経速2201号3頁等。この問題をめぐる議論の経緯について，竹内（奥野）寿「文献研究労働法学（第4回）労働組合法7条の使用者」季労236号（2012年）211頁が詳細である。なお，本稿では労組法7条の使用者について述べたが，労組法の使用者概念が条項ごとに多義的・相対的であることについて，榊原嘉明「労働組合法における使用者概念の相対性に関する覚書」法學新報119巻5・6号（2012年）377頁。
6) 例えば，第59回帝国議会衆議院本会議労働組合他1件委員会議事録第5回（昭和6年3月2日）吉田政府委員答弁（内務省社会局編『第五十九回帝国議会労働組合法案審議録』（内務省社会局，1932年）182頁）。
7) 公刊の労務法制審議委員会議事録として労働省編『資料労働運動史 昭和20-21年』（労務行政研究所，1951年）があるが，抄録であり，省略箇所が多い。本稿では厚生労働省の保有する史料（前掲注2）参照）の第2簿冊（「労組法案審議録（昭和20年）」）収録の議事録を参照した。
8) 整理委員会議事録については，「「旧労働三法」立法関係資料等（松岡三郎教授資料）」（東京大学社会科学研究所）のマイクロフィルム資料を参照。

方が誰であるかは「法律的に余り難しく考える必要はない」という程度で議論が終わっている（第2回労法審）。第3次案でそれまで用いられていた「雇傭者」という文言が，「使用者」と変更されたことに関連して，桂委員が，社内人夫の供給者について，「そう云う者も此の使用者の中に入りますか。そう云う者の供給を受けて居る者が現実に使用しているので使用者　片方は雇傭者です。是も広義の使用者に入るお考えでありましょうか。」と質問し，末弘博士は「私個人の考えでは入って居るので二段に考えて居ります」と答えている（第5回労法審）。

利益代表者については，例えば労働者なのか使用者なのか，という視点で，高級社員や船長，工場長等について議論が提起されたが，労務委員会（後の労働委員会）の決定事項とし，厚生省が基準を策定すべきとされた（第3回・第4回労法審）。

第89回帝国議会では，労働者等の概念について，政府委員は，労働組合法上の労働者性も基本的には「雇傭関係」を基準に判断されると述べ，独立の経営を営む者は対象外であるとする[9]。他方で，芦田厚生大臣は，①工場規模，②工業の種類（手工業／機械工業），③場所（工場／多数の家），④報酬の支払方法（出来高／時間払）で労組法の適用は変わらず，請負業者も団結権／交渉権があると答弁している[10]。他方，利益代表者の範囲の議論は明確にされず，労働委員会で決するとされた[11]。

労組法の立法後，施行のため20年法の労働者概念等の明確化を図るため，厚生省は労働組合法解釈例規（以下，「解釈例規」）1号（昭和21・6・1労発325号）で明確化を図った。解釈例規1号の草案が審議された中央労働委員会（以下「中労委」と略記）の第5回総会の議事録上[12]では，政府関係者や委員の間の労

---

9) 第89回帝国議会衆議院第2回労働組合法案委員会（昭和20・12・12）高橋政府委員答弁，芦田大臣答弁（議事録16頁）。
10) 第89回帝国議会衆議院第3回労働組合法案委員会（昭和20・12・13）芦田大臣答弁（議事録38頁）。
11) 第89回帝国議会衆議院第3回労働組合法案委員会（昭和20・12・13）山崎説明員答弁（議事録54頁），同・貴族院第2回労働組合法案特別委員会（昭和20・12・16）芦田大臣答弁（議事録38頁）。

者・使用者概念に関する対立が看取される。

中労委事務局(厚生省関係者)は,解釈例規1号の原案で「土建関係,荷役等一般日傭者の結成する組合」を法適合組合と認めうるかという問(二問(二))につき,「日傭の労働者に関しては要は団体交渉権争議権等組合結成の実益ありや否やを考うべきで例えば一定の職場又は一定の業者に常傭的に従業するものについては労働組合と認むべきも然らざる場合日傭労働者の組織する組合は寧ろ実質上同業組合として考うるべきものと思料するも労働組合として届出ありたるときは認容すべきものと考える」としていた。これに対し末弘委員はこれを誤りであるとし「労働組合は一定の使用者に称されているものが職場別に組織するものであるとのみ考えるから此の様な回答が出るので,自由労働者が結束して組織するのが直の組合なのである」として修正を求めている(結果として解釈例規1号では「一般日傭者は当然労働組合を結成しうる」とされた)。また,労働者性については,新聞を自分で買い取って販売する新聞売子の労働者性が問題とされ,「セールスマン」であるとして,保険外務員も同様に労働者性を認めるべきとする見解(松岡委員),収支が自己責任であり,完全な営業(≒独立の営業)であることから,その労働者性に懐疑的な見解(桂委員)の対立がみられる。

20年労組法の解説書等でも,労働者・使用者等の概念には不一致がみられる。例えば「労働者」については私法的な労働契約関係の有無を問わず「俗に給料生活者と称せられるもの」であればよいとし,官公吏,失業者を含むが自らの企業により生活する小作人を含まないと述べるもの,[13]「使用され,その報酬により生活する者」と捉えるもの,[14]労働者の家族も(給料で生活するので)また労働者であるが,他方で給料生活者といえないアルバイト学生等は労働者でないとするもの[15]等がみられる。これに対し,「使用者」についての議論は少なく,基本的には事業主とみるもの,[16]利益代表者を含めて「使用者」とみるもの[17]等が

---

12) 初期の中労委総会の議事録については中央労働委員会事務局編「中央労働委員会通信」(東京大学社会学研究所吾孫子文庫所収)のマイクロフィルム資料を参照。
13) 末弘厳太郎『労働組合法』(日本評論社,1946年)21頁。
14) 高橋庸彌『労働組合法の解説』(日本産業経済新聞社,1946年)。

みられる。

(2) 24年労組法立法時の経緯・議論

20年法立法時と異なり、24年法の立案は専ら官僚により政府内部でなされたため、立法過程の各次案の文言修正等の理由を知ることは困難である。途中までは大きな変更が予定されていたが、GHQ側の指示により20年法に近いものにされたため（「法案転換」と呼ばれる）、結果として変更は小規模に抑えられた。

労働者概念等については、法案転換前に興味深い経緯がみられる。労働者の概念について、1次案・2次案の3条では「職業の種類を問わず、労働の対償として賃金、給料その他これに準ずる収入により生活する者」と、「労働の対償として」という文言が付されていた（3次案で削除された）。

使用者の概念についても、1次案4条で「賃金、給料その他これに準ずる給与を支払つて、労働者を雇用する者及びこれを代表又は代理する者」、2次案4条では（3条の労働者の定義を受けて）「前条の労働者を雇用する者及びこれを代表又は代理する者」という定義規定が置かれていたが、3次案で削除され、以後は復活しなかった。

国会での質疑対応資料として作成された「労働組合法案労働関係調整法案の逐条説明及び想定問答[18]」（以下「逐条説明」と略記）と「労働組合法案及び労働関係調整法の一部を改正する法律案豫想質疑[19]」（以下「豫想質疑」と略記）では、労働者について、①現行法の3条をそのまま口語体に改めたもので趣旨は同一であるとされ、②労働者とは「職業の如何を問わず、賃金、給料、その他これに準ずる収入によって生活する者、換言すれば他人に使用せられその報酬によって生活する者」であるとし「単に雇用契約によって使用される者にのみ限定

---

15) 中央労働学園『労働問答 ラジオ「労働の時間」第二輯』（中央労働学園、1948年）94頁。24年法下でこの解釈を採るものとして、山本恵明『組合側からみた新労組法と新労調法のやさしい解説』（東海毎日新聞社、1949年）。

16) 労働協約の文脈であるが、末弘・前掲注13）。

17) 松岡三郎『労働基準法の詳解〔増補版〕』（労務行政研究所、1948年）51頁、中央労働学園・前掲注15）98頁。

18) 佐藤達夫文書1893（日付不詳だが、「S24.5 第5回国会」のメモ書きあり。）。

19) 佐藤達夫文書（日付不詳）。

されず，現実に他人との間において支配服従の関係にたち，労務に服し，報酬を受け，これによって生活するすべての者」とされていた。24年法の立案関係者もこれらの記述を基本的に踏襲している[20]。

第5回国会では，第三者の不当労働行為や会社顧問等の労働者性の答弁がみられる（本稿では割愛する）。

3 立法経緯からみた「労働者」「使用者」「利益代表者」

(1) 現在の「労働者性」「使用者性」の捉え方との違い

20年法上，「労働者」の射程を広く捉える傾向は明確であり，当時の「労働者」（ブルーカラー，肉体労働者）のみならず「職員」（ホワイトカラー，頭脳労働者）を含める意図（なお戦前の労組法案の多くでは，労働組合に加入できるのは「労働者」のみであるとされ，職員は労働組合に加入できないとされていた），雇用契約から外れた者（失業者等[21]），公法上の関係にある者（公務員）等，雇用契約関係にない者を含む意図も明確である。これに対し請負・委任契約下の請負者・受任者の労働者性に関する記述は少なく，疑義も多い。その一つの背景は，20年法立法時の政府関係者が，現在でいえば「使用者性」の問題を，「労働者性」の問題として捉えていたためと思われる。

戦前の労働組合法案（例えば昭和6年政府案）では，同法案上の労働組合が，（法施行時に既に存在する労働組合に関する経過措置があるが）同一又は類似の職業別・産業別の組合又は連合団体であるべきと規定していた（昭和6年法案1条，附則1条）。労働組合の規制（善導）が目的であるが，職業別・産業別の交渉にするために労組法案上の労働組合を規制する（型に嵌める），という思考である。

20年法立法に参画した政府関係者も，これに通底する考え方を有していた。先に触れた解釈例規1号に関する政府側原案は，簡単にいえば「一定の交渉先を持たなければ，交渉させても意味がないから労組法上の労働者性を認めな

---

20) 賀来才二郎『改正労働組合法の詳解　労働関係調整法』（中央労働学園，1949年）104頁。
21) もっとも昭和6年政府案でも，一時的失業者は労働組合に加入可能だった（第59回帝国議会衆議院本会議労働組合他1件第1読会（昭和6年2月24日）安達大臣答弁（内務省社会局編・前掲注6）41頁）。

い」という趣旨である。「誰を団交先とすれば意味があるのか」という，現在でいえば使用者性の問題を「労働組合法上の労働者かどうか」という，使用者からみた労働者の問題として処理しようとしているのである。

　他の文献での20年法立法当時の政府関係者による「労働者性」についての記述も，実は「使用者性」についてのものではないかと思われる。現在では「請負・委任契約下の請負者・受任者の労組法上の労働者性」を認める根拠に援用される政府関係者による記述は，「請負・委任契約下の請負者・受任者に雇用される者の労組法上の労働者性」（つまり「請負者や労働者供給業者に雇用される者に対する発注者・供給先の使用者性」）を述べたものである可能性がある。例えば，立法関係者である高橋労政局長は，労組法上の労働者は「賃金，給料その他これに準ずる収入に依って生活する者である。即ち賃金，給料と呼ばれようが，手当賞与等と呼ばれようが，その名称の如何にかかわらず，要するに現実に他人に使用せられ，その報酬に依り生活する者であれば良い訳である。従って法律的にいえば，雇用契約に依って労働する者とは限らないのであって，あるいは組合契約，請負契約，第三者との労務供給契約従業命令等に依って人に使用せられる者も含まれるのである。この点は工場法等に於いて「工場に使用せらるる職工」という場合等と同様である」と述べている[22]。この中の「請負契約，第三者との労務供給契約従業命令等に依って人に使用せられる者」も労働者である，という部分も，文脈からみると，発注者や労務供給先により使用される者（現在でいう派遣労働者）の「発注者や労務供給先（現在でいう派遣先）に対する労働者性」すなわち現在でいえば「発注者や労務供給先の使用者性」を肯定する趣旨と思われる。

　他方，昭和22年の職安法制定により労働者供給等の間接雇用が原則禁止されたことを考慮すると，24年法に関する政府関係者の解説等の記述は，表現自体は20年法のそれと同様でも，（誤って20年法と同じ記述にしたのでなければ）「請負・委任関係にある者の労組法上の労働者性」を認める趣旨と考えられる。

---

[22]　高橋・前掲注14)12頁。

(2) 使用者性

　仮に「労働者性」に関する20年法当時の政府関係者の記述の一部が，実は請負や労働者供給における発注者・供給先の「使用者性」に関するものだとすれば，それらの記述は派遣労働者の労働者性を肯定する根拠とは見難いが，現在の労働者派遣等における派遣先の使用者性を肯定する方向での有力な証拠である。また政府関係者以外の立法関係者も，請負や労働者供給における発注者・供給先の使用者性を肯定する記述を残している。

　まず，政府関係者の先の記述中「工場法等に於いて「工場に使用せらるる職工」という場合等と同様である」という点について検討する。工場法上の「使用セラルル職工」は，主に危険な機械や化学物質等が使用される「工場」という場所的な要素を重視して，非常に広範に認定されており，通説上，職工供給請負者，事業請負者等の雇用する労働者でも，工場主との間に使用関係があれば含まれていた。[23] 行政解釈も直接契約関係のない者を職工と認定していたが，その判断での決め手は，工場主等による指揮命令の存否ではなく，工場での就労の有無という場所的支配であり，例えば職工が自分の仕事を手伝わせるために工場に連れてくる妻子などの「伴れ子」や（大正5・12・27商局1490号），工業主の工場の一部に請負者が作業場を建設し，請負者が雇用し作業させている者（昭和3・1・14労発22号）など，工場主等とは直接の契約関係のない者，工場主等の直接の指示を受けない者が工業主の職工であると判断されていた（健康保険法上の被傭者についても同様である。[24] 後述のように，請負者自身を職工と認める行政解釈もあるが少数であり，直接の契約関係にない者に関する射程が重要論点だったことが覗える）。工場法上の「職工」性の問題も，工場主からみて自分の工場の職工（工場法上の責任を果たすべき者）なのか，という意味では使用者性の問題と

---

[23]　岡實『工場法論』（有斐閣，1913年）225頁，木村房次郎『工場法運用』（法政研究会，1916年）12頁，松澤清『工場法研究　解釈論・前編』（有斐閣，1918年）226頁，菅野久一編述『工場法規釈義』（工場法規刊行会，1926年）6頁，労働事情研究所『改正工場法解説疑義解釈』（労働事情研究所，1942年）9頁他。

[24]　健康保険法上も，親方・請負人の介在の場合・手伝いとして労働者が工場に伴う妻子（大正15・11・19保発221号），労務供給請負人自身も就労する場合の当該労務供給請負人自身（昭和2・8・13保理2860号）等が健康保険法上の被傭者に該当すると判断されている。

捉えられるものであり，かつ行政解釈は「使用」があれば，使用される者の労働者性（とその反面としての工場主の使用者性）を認めている。これと同じだと述べる高橋労政局長の解説書の記述も，請負における発注者，労働者供給における供給先の，間接的被用者（請負業者・労働者供給者に雇用され，発注者・供給先に使用されて就労する者）に対する使用者性を認めたものである可能性が高い。

次に，政府以外の立法関係者は，第5回労法審での第3次案での「雇傭者」から「使用者」への文言変更に関する桂委員・末弘委員の質疑でみられるように，労働者供給先・労働者供給事業者の両方に労組法上の使用者性が認められると捉えていた。先の政府関係者の見解との異同は明らかでないが，結論としては政府関係者と同様，労働者供給先（現在の派遣先）の使用者性を認めるという解釈を採るものである。

(3) 労働者性

請負・委任契約の直接の契約当事者である請負者本人・受任者本人の労働者性についての20年法の立法史料上の手がかりはやや希薄である。国会での芦田厚生大臣の答弁は請負業者の労働者性を認めるものだが，明確な労働者概念に基づくものとはいい難い。[25] 当時は労働者性の外延についてあまり詰めて考えられておらず，多様な考え方があったというのが真相ではないかと思われる。

20年法立法時に中心的役割を果たした末弘厳太郎博士は，労組法上の労働者を「給料生活者」と捉え，失業者や非常勤者，官吏等を含むと述べるが，その限界は必ずしも定かでない。

この点，労働組合関係者等では，「給料生活者」を「労働者階級」的に理解し，請負者の労働者性を認める見解もみられる（例えば中労委での議論上における松岡駒吉委員の見解[26]）。賃金等が主たる生活手段なので「労働者の家族」等も

---

25) 請負業者等の労働者性を認める根拠として参照される前掲注10）の芦田大臣答弁は，確かに，①工場規模，②工業の種類（手工業／機械工業），③場所（工場／多数の家），④報酬の支払方法（出来高／時間払）で労組法の適用は変わらず，請負業者も団結権／交渉権を有すると述べる。ただし質疑内容をみると，同答弁は確立した労働者の概念を前提とするものではなく，上記の①〜④の要素の如何がそれぞれ単独では労働者性を否定しないと述べたものとみるのが自然なように思われる。

26) 前掲注12）。

労組法上の労働者であると解する学説もこれに近いと思われる[27]。

　他方で政府関係者は，20年法・24年法とも一貫して，「使用」を基準に労働者性を判断している[28]。この「使用」が工場法等の「使用セラルル職工」の解釈と同様だとすると，相当に広範に労働者性が認められ得る（当時の「使用」は，現在の「使用従属関係」とはやや異なるものである）。工場法上の「使用セラルル職工」，については，（間接的被用者でなく）請負契約で就労する請負者自身も，「職工」であるとする行政解釈が少数ながら存するためである[29]（大正 9・2・9 工発683号）。この工場法における解釈を前提にすれば，請負者自身の労働者性を認める余地は必ずしも否定されない。そして先にふれたように，20年法に関する高橋労政局長の前述の記述は現在で言えば使用者性に関するものであるが，職安法制定後である24年法に関する賀来労政局長の記述は，請負者自身の労働者性に関する記述とみることができる。

　労働者概念については，20年法立法時点で既に対立が存し，それが請負者・受任者等の労働者性を巡る現在の議論の対立の淵源となっている。もっとも「給料生活者」として労働者を把握する見解ではもちろん，「使用」を中心に労働者性を判断する見解にあっても，工場法等の解釈を前提とすれば，「労働者」の範囲は相当広汎であり，請負契約における請負者等について労働者性が認められる余地があることは興味深いと思われる。

(4)　「使用者」と「利益代表者」の関係

　周知のとおり，現行法上の労組法・労基法は，労働者・使用者の捉え方が異なっている。労基法上の使用者は，事業主と事業主の為に行為する者を含めたものを指す統一概念であるが，労組法においては，これに近い統一的な整理は結局定着せず，統一的な使用者概念は存しない[30]。

---

27)　前掲注15)。
28)　例えば，高橋・前掲注14)12頁，賀来・前掲注20)104頁。
29)　複数の工場で就労する請負業務従事者も各工場の職工であり，工業主が工場法上の義務を負担すると判断されている（大正 9・2・9 工発683号）。
30)　例えばアメリカのタフト・ハートレー法もこのような整理を採り，利益代表者は使用者であるとみる（2条）。これに対し，日本の労働組合法での「使用者」は，各条ごとに多義的である（榊原・前掲注5)を参照）。

シンポジウム（報告②）

　20年法立法時の労法審の議論では，高級社員等の利益代表者に関する議論は，労働者性の議論に付随して行われており（第3回労法委），委員は当初，労働基準法の整理と近い捉え方（事業主と利益代表者を含めたものを使用者とする）をしていたようにも思われる。しかし結局，公務員問題等を背景に，「使用者」は契約関係で考えるべきでなく，常識で決定すべしということとされた。これに対し，政府関係者は使用者概念を比較的統一的に理解しようとしていた模様であり，利益代表者は通常，団交担当者であると述べている[31]。

　24年法の1次案・2次案では「労働者を雇用する者及びこれを代表又は代理する者」という統一的な使用者概念の定立の試みがなされた（各次案4条）。しかしそこでも「代表又は代理する者」と「利益代表者」との関係の整理等はなされず，また結局は使用者の定義規定も立法化されなかった。その理由は不明であるが，次に述べる幹部労働組合の規定の試みと併せて考えれば，使用者の多義性への配慮のほか，憲法上の勤労者である幹部にも団結権を保障しようという思考から，「労働者でもあり使用者でもある」という形での概念化を避けたのではないかと思われる。

III　利益代表者と幹部労働組合

1　問　題

　利益代表者については，法文上，利益代表者の加入を許す労働組合の法適合組合性が否定されるとしても，利益代表者のみで構成される労働組合はなお法適合組合たりうるのではないか，という解釈論上の論点が存する[32]。

　この点，以下にみるように24年法の立法直前に，一種の解釈変更が行われて利益代表者の排除が厳格化されるとともに，利益代表者の団結権の保障の必要性に配慮して24年法の第5次案で幹部労働組合の明文化が図られたが，結局は

---

31)　高橋・前掲注14)10頁。
32)　この点について，大内伸哉「管理職組合をめぐる法的問題」日本労働法学会誌88号（1996年）100頁，西谷敏＝道幸哲也＝中窪裕也編『新基本コンメンタール　労働組合法』（日本評論社，2011年）33-34頁［荒木尚志］。

断念され，幹部労働組合の確定的な位置づけがなされなかったという経過が見て取れる。

2 制定経緯

20年法立法時の経緯については，先に述べたため，以下では24年法の立法史料を中心に利益代表者の排除や幹部労働組合に関する規定の経緯を概観する。

20年法においては，利益代表者の排除や経費援助の禁止の規定は存していたが，あまり厳格に運用されていなかった。昭和22年のGHQの労働諮問委員会最終報告も，御用組合の存在を指摘し，一定の例外を除き「使用者からの何らかの財政の援助を広範に禁止する」ことを勧告していた。

さらに，24年法立法の背景となったGHQ勧告（昭和24・1・4）において，第1回・第2回勧告が，御用組合排除の必要性を述べ，前文（目的），被用者が自由的に組織し，労組を結成・加入・援助し，選挙された代表を通じて団交する権利を有する旨の規定を置き，使用者の違法行為として財政的援助等を列挙すべきとしている。そして第3回勧告では，御用組合排除のため，年金基金・厚生基金を除き組合への主要な（実質的な）財政援助を排除するための規定を置くべきと述べている。

これらの動きを背景に，24年法の1次案では，現行の労組法2条但書各号に相当する労働組合の消極的要件を全廃し，不当労働行為として整理した。これは理論的には非常に簡明な整理である。しかし，2次案では，この2条但書各号の消極的要件の規定が復活する。これは，おそらく昭和24・2・2発労4号「労働組合の資格審査基準について」により，20年法下で消極的要件の解釈の厳格化が図られたので[33]，改正法もそれに合わせたのではないかと思われる。その後，昭和24・2・11労発54号「労働組合の規約，協約指導並びに資格審査基準の適用について」，昭和24・3・9発労32号「民主的労働組合及び民主的労働関係の助長について」でも，利益代表者の排除の趣旨は確認されている。

5次案で「幹部労働組合」が案文に登場する（2条4項）。これは利益代表者

---

33) 同通達は，2条但書1号の利益代表者の範囲と同2号の主たる経費を列挙し，また親睦会，文化活動，労働者供給事業が主事業の団体を労働組合から除外する趣旨を明示している。

の排除等，労働組合の消極的要件に係る規定に続けて，「前二項の規定は，使用者の利益を代表すると認められる労働者が，その加入することができない労働組合（以下本条において「一般労働組合」という。）と別に一般労働組合の組合員である労働者の加入を許さない労働組合（以下本条において「幹部労働組合」という。）を組織し，又はこれに加入することを妨げるものではない。但し，幹部労働組合は，一般労働組合とともに労働組合を組織し，一般労働組合が加入する労働組合に加入し，又は第二十五条の規定による団体交渉をするための適当な単位であつて一般労働組合が含まれているものに含まれることはできない。」と規定するものである。

　この規定が入ったのは，5次案で，法適合組合から排除される利益代表者の一つとして「使用者に雇用される幹部職員」を規定したためであるが，その背景として，GHQによる指示の存在が挙げられる。昭和24・1・23のGHQの会議メモ[34]は「利益相反のため一般の産業の組合から排除されるある種の労働者，例えば職長を，労働組合法の利益から疎外することが望ましいか否か疑問を生じさせる」とし，条文案として，利益代表者の排除を規定した後の但書として「ただし本法は，上記の規定により労働組合の加入資格を否定された者が，使用者と集団的に取引するために，自分たちの団体（organization of their own）を形成することを妨げると解されてはならない。」という案を提示している（カッコ内は筆者による意訳）。この指示は，日本側の「思いにおよばぬもの」であったと日本側の立法関係者から述懐されており，日本側の発案ではない。[35]もっとも，このGHQのメモ上は，労働組合に加入できない幹部職員が自前の団体（organization of their own）を組織することは差支えない，と述べているにとどまり，法適合組合として労働組合（trade union/labor union）を組織することを認めたものか，実は判然としない。その後，日本側は法適合組合として幹部労働組合が認める解釈を採り，GHQは認めない解釈を採るが，この解釈の

---

34) 23 Jan 49, MEMORANDUM, SUBJECT: Conference Report on Japanese Draft Revision of Trade Union Law（国立国会図書館 ESS（B）16631 所収）。なお，同メモは第3次案についてのGHQの意見を取りまとめたものと推測される。
35) 日本労働協会『戦後の労働立法と労働運動（下）』（日本労働協会，1960年）118頁。

相違は，"organization"という文言に関する両者の認識の相違に起因しているのかもしれない。[36]

6次案では，この幹部労働組合の規定は削除される。これは，公聴会で労使双方から批判を受け，またGHQも指示を撤回したことが理由である。これに平仄を合わせて，2条但書1号の利益代表者の列挙から「幹部職員」の表現も削除されている。

豫想質疑においては，利益代表者が「別個の労働組合を結成することができることは，現行法の解釈と同様であり，憲法第28条の規定からいっても当然」であるとされ，但し組合員の相互関係で利益代表者を含んではならないとされている。

第5回国会もこの豫想質疑の内容に概ね沿って質疑が行われている（例えば部課長等も労働者である以上，部課長のみの組合結成は妨げないという鈴木大臣答弁[37]，校長だけの組合は御用組合（法外組合）ではないが，それに上下の関係（使用者・被使用者の関係）にある者が加わったら御用組合であるという賀来政府委員答弁[38]）。また，24年法成立後の立法関係者の解説書でも，幹部のみからなる労働組合は法適合組合であるとされている。[39]

このような政府側の見解とは異なり，GHQは昭和24・8・1の通達で，幹部労働組合は憲法組合であり，法適合組合ではないと位置づけている（なお，同解釈通達の経緯をみると，労働省側は同通達の原案への意見として，幹部労働組合も法適合組合とみるべきと主張したが，GHQは容れていない）。幹部労働組合の性格の

---

36) 一般に"labor organization"（労働団体）は，"trade union"（労働組合）と同義ではない。しかしメモの文脈から，日本側が幹部のみによる労働団体が法適合組合として認められるという趣旨に取った可能性があると思われる。
37) 労働省労政局編『労働組合法及び労働関係調整法の一部を改正する法律案の第五回国会における審議録』（労働省労政局，1950年）63頁。
38) 労働省労政局編『労働組合法及び労働関係調整法の一部を改正する法律案の第五回国会における審議録』589-590頁（労働省労政局，1950年）。
39) 賀来・前掲注20)98頁。
40) 010(1 Aug 49)ESS/LAB, SUBJECT: GHQ, Interpretations of the Trade Union Law and the Labor Relations Adjustment Law（国立国会図書館 ESS(B)16636 所収）。手書きメモを見ると，主な配布先は軍政部等であるが，労働省にも10部が送付されている。

点に限らず、同通達の内容は行政解釈等とは異なるものを含んでおり、その評価ないし位置づけは難しい問題を孕む。

24年法制定後、労働省は24年法解釈例規1号（昭和24・8・8労発317号）に、上記のGHQの通達の内容のうち、重要なものを取り入れているが、幹部労働組合については何も言及しておらず、この問題は黙殺された状態となっている。

3 立法経緯からみた利益代表者・幹部労働組合

20年法でも利益代表者の排除の規定は存したが、その運用は相当に柔軟で相対的であった。例えば解釈上、船長・校長等は、例えば学校単位の小さい組合では利益代表者となるが、全国単位等の連合組合では利益代表者とならないとされていた（20年法解釈例規1号）。また運用上も、利益代表者については組合加入を認めた上で、幹部的な地位を与えなければよいとされていた模様である。

これに対し、24年法では、労働側の強い反対にもかかわらず利益代表者の範囲を実質的に拡大し、排除を厳格化している（たとえば利益代表者を含む労働組合を含む連合団体は法適合組合たり得ないとされ、それまでの柔軟で相対的な判断が一部否定された）。立法過程では、利益代表者の厳格化に配慮し、幹部労働組合に関する規定の成文化の試みがなされたが、結局は労使双方の反対を受け、撤回された（ただし利益代表者の排除の厳格化自体は撤回されなかった）。そして労働省側は幹部のみの労働組合は法適合組合であるという解釈を維持したのに対し、GHQ側はこれと異なり、幹部のみの労働組合は憲法組合でしかないとの解釈を採った。

幹部労働組合の法適合組合性に関し、現在も解釈上不明な点が残されている。これは一つには、24年法の立法段階で幹部労働組合が成文化できず、またGHQ解釈と労働省解釈の対立のため、その後は明確な判断が避けられたためである。

IV おわりに

本稿では、20年労組法・24年労組法の立法史料から、労組法上の①労働者、

②使用者,③利益代表者(幹部労働組合)についての解釈論上の手がかりを得ようと試みた。①②の検討から,労働者・使用者についての立法当時と現在との捉え方が異なる可能性があること,したがって当時の労働者性に関する議論の直輸入が難しい反面,使用者性に関する議論の示唆が得られる可能性があることが,①の検討から,労働者性に関する現在の解釈論上の対立の萌芽が立法当時に既に存していたことが,②の検討から,社外労働者に対する受入企業の使用者性について肯定的な資料の存在が,そして③の検討からは,利益代表者の排除についての規制の変容と占領下という当時の特殊な行政状況に起因する謎(幹部労働組合の法適合組合性に関するGHQと労働省の見解の不一致)の存在が明らかになった。貧しい成果ながら,今後の研究の進展に僅かなりとも資することを期待したい。

(とみなが　こういち)

団体交渉過程の制度化，統一的労働条件決定システム構築の試みと挫折
―― 昭和24年労働組合法改正における団体交渉，労働協約の適用にかかる規定の検討を中心に ――

竹内(奥野) 寿

(早稲田大学)

I　はじめに

　本論文は，昭和24年労働組合法（以下，24年労組法とする。また，同法による昭和20年労働組合法（以下，20年労組法とする）の改正を，単に，24年労組法改正とする）の立法過程においていわゆる法案転換の前までの草案に存在した「団体交渉」の章の規定，具体的には，誠実交渉義務と，交渉単位及び交渉組合制度にかかる規定，及び，関連して，労働協約の適用にかかる規定について，その立法史を辿るものである。

　24年労組法改正において，団体交渉に関連して，「排他的交渉代表制度」の導入が検討されたこと自体は，既に知られていることである。もっとも，改正の直接の契機となったGHQ勧告を含め，具体的にどのような制度の導入が試みられ，また，草案が練り直される中でどのような変遷を辿ったかについて，従来，法学者による，立法史料に即した詳細な検討は，行われてこなかった。こうしたことを踏まえ，本論文は，第1に，上述した規定について，GHQ勧告，各草案の内容等を明らかにし，制度の特徴や位置づけについて検討することを目的とする（検討にあたり，適宜，アメリカ法との異同についても触れる）。

　誠実交渉義務や，交渉単位及び交渉組合制度は，法案転換後，導入が断念され，草案から姿を消すこととなる。したがって，本論文におけるこれらの制度

---

1) 法案転換については，遠藤公嗣『日本占領と労資関係政策の成立』（東京大学出版会，1989年）285頁以下参照。

にかかる規定の検討は，現行の制度の由来を辿り解釈等の参考とするといったことには，おそらくつながらない。しかし，これらの制度が一旦は導入を検討されつつも，導入されずに終わったことで，現在の労組法にとって何が失われたかを考えることで，現在の労組法のありようを考察することができるのではないかと思われる。そこで，本論文は，第2に，こうした考察に取り組むことを目的とする。

以下，誠実交渉義務，交渉単位及び交渉組合制度，労働協約の適用にかかる規定について，24年労組法改正による改正の対象である20年労組法における関係する規定を確認した上で（Ⅱ），24年労組法改正の直接の契機であるGHQ勧告の内容（Ⅲ）及び24年労組法改正の経緯（Ⅳ及びⅤ）について検討する。その上で，24年労組法改正の途中においてこれらの規定が姿を消したことから学びうることについて考察を加える（Ⅵ）。

Ⅱ 20年労組法における団体交渉，労働協約の拡張適用にかかる規定

1 団体交渉

20年労組法は，目的規定である1条1項で，「団結権ノ保障」と並んで，「団体交渉権ノ保護助成」により，労働者の地位の向上を図る等規定していた。もっとも，この保護助成のための具体的な規定としては，「労働組合ノ代表者又ハ労働組合ノ委任ヲ受ケタル者ハ組合又ハ組合員ノ為使用者又ハ其ノ団体ト労働協約ノ締結其ノ他ノ事項ニ関シ交渉スル権限ヲ有ス」として団体交渉権限の存在を確認する規定（10条），及び，「団体交渉ノ斡旋」を労働委員会の権限の

---

2) 本論文は，労働関係法令立法史料研究会編『労働組合法立法史料研究（解題篇）』（労働政策研究・研修機構，2014年）第二章Ⅳ［竹内（奥野）寿執筆］における，「団体交渉」の章の全般的な検討を基礎に，当該章の中心的規定である誠実交渉義務と，交渉単位及び交渉組合制度に焦点をあてるものである。論文中で言及している各草案（〇〇次案としているもの）の情報については，同書105頁を，条文については，労働関係法令立法史料研究会編『労働組合法立法史料研究（条文史料篇）』（労働政策研究・研修機構，2014年）参照。

3) 「団体交渉権ノ保護助成」の文言は，労務法制審議委員会による答申案までの段階においては存在せず，国会提出法案の段階になり加えられたものである。団結権と異なり，「保障」とはせず，「保護助成」との文言を採用した理由は明らかではない。

1つとして定める規定（27条1項2号）が置かれるに止まっていた。

10条の規定について，20年労組法制定にあたり労務法制審議委員会の委員として重要な役割を担った末弘厳太郎博士は，第3回労務法制審議委員会における草案（第1次案）の逐条説明（第1次案では，当該規定は9条として規定されていた）において，労働組合の代表者の団体交渉権限の存在を否定する使用者があり，このため労使の紛争が悪化していることを踏まえて，代表者等に団体交渉権限があることを明確にする規定として提案されたものである旨述べている[4]。末弘博士の説明に照らすと，この規定は，使用者が，労働組合をそもそも団体交渉の相手方として認めないこと（団結否認）を是正し，労働者の団結を承認させることに力点を置いた規定として提案，制定されたものと理解することができる。

また，末弘博士は，使用者が団体交渉に応じない場合について，27条1項2号に基づく斡旋をつうじ，「労務委員会ヲ中ニ入レテナダラカニヤル」との説明を行っている[5]（このことにも関連して，20年労組法29条は，労働委員会による使用者等の出頭要求権限等を規定していた）。

団体交渉について，20年労組法は，団体交渉権の具体的内容について定め，あるいは，団体交渉の過程について制度を整備することはせず，いわば権利宣言的な形で規定を設け，団結否認的な団体交渉拒否の是正を図ると共に，団体交渉拒否をめぐる紛争の解決については，調整的解決を図る観点から規制を行ったものと位置づけることができる。

2 労働協約の拡張適用

20年労組法は，労働協約について，効力に関する規定のほか，方式，届出，有効期間，当事者の遵守義務，調停または仲裁約款について規定を置いていた。ここでは，問題関心との関係で，効力のうち，拡張適用についての規定につい

---

[4] 労働組合法立法史料簿冊（以下，簿冊とする）②283頁。この「簿冊」については，労働関係法令立法史料研究会編・前掲注2）書［条文史料篇］の「条文史料篇刊行に当たって」参照。

[5] 簿冊②283-284頁。

て簡単にみることとする。

　20年労組法においては，22条が24年労組法の16条に対応する労働協約の規範的効力を定めており，これを前提に，23条が24年労組法の17条に対応する工場事業場単位の拡張適用を，また，24条が24年労組法の18条に対応する地域単位の拡張適用について定めていた。末弘博士は，両規定に関連して，第二次世界大戦中の統制法規の下で「アウトサイダー」の問題があったことに触れた上で，23条（第1次案では22条）の規定に関して，拡張される労働協約を締結した労働組合に加入していない者も「『アウトサイダー』トシテ協約ニ違反出来ナイ」と述べている。当該拡張される労働協約が定める労働条件の基準（20年労組法の文言では「規準」）に統制力を持たせることで，拡張される労働協約を締結する労働組合の労働条件規制機能を尊重し，これが損なわれることを防ぐ趣旨の規定として位置づけていたことがうかがわれる。なお，史料上，この「アウトサイダー」が，別組合の組合員である場合をも念頭に置いた発言であるかは，明らかではない。また，24条に関連して，末弘博士は，労働協約は，基本的に，各々の業者が自己の利益のために労働条件を制約することで生じる不正競争を除去し，「謂ハバ凸凹ヲナクスルコト」を目的とするものである旨を述べており，同条の趣旨として，労働条件をめぐる取引における公正競争の確保を念頭に置いていたことがうかがわれる。

Ⅲ　団体交渉，労働協約の拡張適用に関する GHQ 勧告の内容

　24年労組法改正の直接の契機となった GHQ 勧告は，団体交渉に関して，

6）　20年労組法の立法史を含め，日本における労働協約の拡張適用（特に地域的拡張適用）の制度と実践とについての歴史的，理論的考察を加える研究として，古川景一＝川口美貴『労働協約と地域的拡張適用─UI ゼンセン同盟の実践と理論的考察』（信山社，2011年）参照。
7）　簿冊②293-294頁。
8）　同旨，労働関係法令立法史料研究会編・前掲注2）書［解題篇］65頁［渡辺章執筆］。
9）　簿冊②531-532頁。第3次案（同草案では，当該規定は23条として規定されていた）において，拡張適用することが不適当な事項につき労働委員会が修正しうる旨変更したことの説明の中で，ある工場でより有利な労働条件が定められている場合にも拡張適用の効力が及ぶとかえって労働者に不利ではないかという GHQ 側の注意に応えて述べられたものである。

「真の団体交渉を確立すること」、「多数支配の原則」の2つについて述べている。

「真の団体交渉を確立すること」の項目は，(労使双方についての) 誠実交渉義務について述べている。勧告は，20年労組法が，団体交渉について，交渉する「権限」についての規定（10条）を有するのみであることを指摘する。その上で，「真の団体交渉の結果……労働条件を安定する[11]」ために，団体交渉の手続として，使用者の誠実交渉義務を規定すること，具体的には，単に会見し，労働組合の要求に消極的に耳を傾けるだけではなく，要求を拒否する場合には代替の提案をし，あるいは意見を述べる等して，納得のゆく合意に達するようにさせること（使用者が労働組合の要求を認めることを義務付ける趣旨ではない）が必要であるとしている。また，このように述べる途中で，「組合代表も同様である」として[12]，結局，労使双方について誠実交渉義務を定めるべき（誠意をもって団体交渉をなすことの拒否を違法とすべき）ことを勧告している。

使用者について誠実交渉義務を定めるべきことは，24年労組法改正の淵源の1つとして位置づけうる，1946年の，アメリカ連邦労働省労政局次長ハロルド・S・ロバーツによる文書（以下，ロバーツ文書とする）及びGHQ労働諮問委員会最終報告書において，既に立法化が勧告されていたものであり，これらを受け継いだものと考えることができる[13]。GHQ勧告が，労働者側についても，使用者側と同様に誠実交渉義務を定める形で勧告した理由は明らかではないものの，アメリカにおいて，1947年のタフト・ハートレー法により，誠実交渉義務が，労働者側（交渉代表）の団体交渉義務と併せて明文化されたことが背景にあるのではないかと推測される。

「多数支配の原則」の項目では，交渉単位制度と排他的交渉代表制度の導入

---

10) GHQ勧告は第1回から第3回までの3つがあるが，基本的に内容は共通しており（差異のある点の例につき，労働関係法令立法史料研究会編・前掲注2）書［解題篇］90頁，91頁［竹内（奥野）寿執筆］参照），以下では第1回勧告に基づき述べることとする。
11) 労働関係法令立法史料研究会編・前掲注2）書［条文史料篇］30頁。
12) 労働関係法令立法史料研究会編・前掲注2）書［条文史料篇］30頁。
13) 本文で述べたことを含め，両文書については，竹前栄治『戦後労働改革』（東京大学出版会，1982年）251-265頁，及び，290頁注2及び3で引用されている文献を参照。

が勧告されている。これらの制度の導入も，上述した1946年のロバーツ文書・GHQ労働諮問委員会最終報告書で既に主張されていたものであり，これらを受け継いだものと考えられる。[14)]

　使用者と労働組合との交渉による労働条件決定に関して，GHQ勧告は，20年労組法の下では，「使用者は……被用者の団体の夫々と，及びそのすべてと，交渉することが明にゆるされている[15)]」として，複数組合交渉主義が採られているとの理解に立った上で，この唯一の例外は23条の場合，すなわち，工場事業場単位の拡張適用がなされる場合だけであると述べている（24条の場合も該当すると考えられなくもないが，同条については言及していない）。GHQ勧告は，20年労組法における原則のように少数代表（少数組合）との協定を許容することは，使用者が労働者をいくつかの対立する団体に分断したままにすることを可能にするものである[16)]として批判し，団体交渉を秩序正しく行わせ，成功させるためには，多数支配の原則が重要であるとしている。提案は，具体的には，(1)適正交渉単位の労働者の多数（過半数）により選出された代表者は，団体交渉にあたり当該単位内の労働者すべてを排他的に代表する，(2)排他的交渉代表が選出されていない場合には，多数により選出された代表者でなくとも，自らが代表する労働者のために団体交渉を行う，(3)個々の被用者あるいはその団体は，いつでも使用者に苦情を申し立てる権利を有する，というものである。(1)及び(3)は，ワグナー法時代の全国労働関係法（National Labor Relations Act, NLRA）9条(a)にほぼ対応するものであるが，(2)はNLRAには対応する規定はなく，か[17)]

---

14)　同旨・竹前・前掲注13)書252頁，253-254頁，259頁，264頁。

15)　労働関係法令立法史料研究会編・前掲注2)書［条文史料篇］30頁。

16)　GHQ勧告第1回の日本文は，使用者による分断が可能となる理由として，少数組合と締結される協定について，多数組合によって獲得されたものよりも「使用者にとって有利な条件を意のまゝに包含しうる」としている。原文であるGHQ勧告第1回の英文（簿冊⑦89-122頁）の対応箇所（同102頁）は，"Such contracts could by design contain more advantageous terms than those secured by the majority union." であり，かつ，文脈上も，「使用者にとって」有利とする点は，少数組合の労働者にとって有利とすべきものと考えられる。

17)　(1)及び(3)の内容について，原文であるGHQ勧告第1回の英文の対応箇所（簿冊⑦103頁）は，若干の文言の違いはあるが，ワグナー法時代のNLRA 9条(a)の規定とほぼ一致している。

つ，内容上，このような自己の組合員のための団体交渉についても使用者に応諾義務を課すものと解される点は，アメリカ法とは異なっている[18]。GHQ勧告は，こうした交渉代表制度の整備について勧告した上で，交渉単位の決定についても，労働委員会が単位決定する際の考慮要素などの，具体的な提案を行っている。

　以上のとおり，GHQ勧告は，団体交渉に関して，単に団体交渉をなす権限を規定するのではなく，誠実交渉義務を定めること，及び，多数決原理に基づく交渉代表選出の仕組みを規定することで，団体交渉の手続，過程について，制度を整備すべきとするものと位置づけることができる。関連して，GHQ勧告は，工場事業場単位の拡張適用を，複数組合交渉主義に対置されるものとして，排他的交渉代表制度と機能的に類似するものと捉えている点に特徴がある。

Ⅳ　24年労組法の立法過程における団体交渉にかかる規定

　24年労組法の立法作業は，団体交渉についていえば，法案転換までは，「団体交渉」の章の規定を中心に，GHQ勧告が述べる2つの事柄（誠実交渉義務，交渉単位及び交渉代表制度）を具体化する形で行われた。法案転換以降（第8次案以降）は，「団体交渉」の章立てが消滅し，団体交渉に関する規定は，目的規定である1条1項，20年労組法の10条を口語化しつつ同一内容を定める6条のほか，団体交渉拒否の不当労働行為についての規定である7条2号のみとなった。第10次案では，交渉単位及び交渉代表についての規定の存在が史料（英文目次）からうかがわれるものの，当該規定の内容にかかる史料は現在まで未発見のままである。こうした経緯を踏まえ，以下では，基本的に，法案転換前までの団体交渉にかかる規定を中心に検討する。

---

18) NLRAの下では，排他的交渉代表が選出されていない場合，労働組合が自己の組合員のために使用者と団体交渉を行うことは禁止されていないが，使用者が団体交渉義務を負うわけではない（団体交渉拒否が不当労働行為（8条(a)(5)）となるのは排他的交渉代表との団体交渉拒否のみである）。中窪裕也『アメリカ労働法〔第2版〕』（弘文堂，2010年）38頁。

1 誠実交渉義務

　誠実交渉義務の規定については，第1に，使用者及び労働組合双方についての義務とされていた点に特徴がある。また，このことは，第1次案から法案転換前の最後の草案である第7次案まで，一貫したものであった。もっとも，この誠実交渉義務の規定は団体交渉拒否の不当労働行為の規定（第5次案（労働省試案）でいえば15条4号）とは別個に規定されており，不当労働行為の規定は，草案をつうじ，一貫して使用者側のみを禁止の名宛人としており，誠実交渉義務の違反が不当労働行為となるのは使用者側のみであると解される定めとなっていた。交渉代表の側にも団体交渉義務を課したタフト・ハートレー法による改正後のNLRAが，不当労働行為の規定の中で，団体交渉義務が誠実交渉義務を含むことを規定している（8条(d)）こととの対比では，労働者側の違反についての効果が明らかではない形となっている。[19]

　法案転換後の草案である第8次案は，第7次案までのような形での誠実交渉義務の規定は姿を消したものの，7条2号で使用者の不当労働行為として「誠実に」団体交渉をすることを拒むことが規定されており，使用者について，なお明文で誠実交渉を義務付けていた（不誠実交渉について，不当労働行為救済制度の下でのサンクションを定めていた）。しかし，第9次案以降は，この規定においても「誠実に」の文言は姿を消し，現行法となるに至っている。

　草案における誠実交渉義務にかかる規定の第2の特徴は，具体的内容を定めていた点である。すなわち，第1次案，及び，第2次案の手書き修正前のものでは，提案に対する回答付与の義務（第1次案27条，第2次案20条2項）が規定されていた。また，これとは別に，第2次案及び第3次案では，不当労働行為の章で，団体交渉を拒否しうる場合として，代表者が不当に多数である場合等を例示していた。第4次案から第7次案までは，これらをまとめ，団体交渉の章において，誠実交渉義務を定める規定に続けて，団体交渉を打ち切ることができる場合として，いくつかの事項を列挙するに至っている。第4次案から第7次案までにおける事項の具体的内容は若干変遷しているが，第5次案でいえ

---

19)　後述するGHQ労働課ジャクソン作成の会議メモ（後掲注26）では，労働者側の（誠実）団体交渉義務違反が不当労働行為とされていない点で整合性を欠く旨の指摘がなされている。

ば，(1)相手方が労働協約所定の手続によらないで団体交渉をしようとする，(2)代表者やその委任を受けた者が不当に多数である，(3)団体交渉が著しくけん騒，連続して長時間にわたる，または，著しく業務の運営を阻害する，(4)団体交渉が不必要に個人の生活をおびやかすような行為を伴う，(5)提案に対して相手方が故なく対案を提出しない，等の場合が挙げられていた（23条3項）。

当時の現実的な関心は，いわゆる大衆団交への対応であるとされ[20]，上記(2)から(4)はこの関心に基づくものと考えられる。GHQ労働課のジャクソンは，団体交渉の章において上記のような具体的内容が規定されていなかった第3次案に対するコメントで，誠実団体交渉の内容を定義する規定を加えるべきことを勧告しているところ[21]，そこでは，合理的な時期に合理的な条件の下議論に応じること，提案，反対提案を行うこと等の基本的な内容を定めることが提案されており，第4次案以降の規定のような具体的状況を念頭に置いたものとは一定の隔たりのあるものであった。

2　交渉単位及び交渉組合制度

交渉単位及び交渉組合制度については，第1次案から第7次案まで種々複雑に修正が加えられているが，ここでは，制度の基本的骨格をなすものとして，(1)交渉単位の決定方法，(2)交渉組合の決定方法，(3)交渉組合の権限（及び交渉組合が存在しない場合の団体交渉権限），(4)交渉組合が締結した労働協約の適用範囲，の4つの観点から検討する。

(1)　交渉単位の決定

交渉単位の決定について，第1次案は，団体交渉を行うには単位を決定しなければならないとして，単位の決定を必須とする（決定されなければ団体交渉をなしえない）ものと解しうる形で規定を定めていた（22条。交渉組合についても，同様に，決定しなければならないとされていた（24条1項））。しかし，第2次案以降

---

20)　沼田稲次郎「団体交渉論」『沼田稲次郎著作集　第6巻　労働協約論』（労働旬報社，1976年）9頁，24頁［初出1962年］。

21)　Paul D. Jackson, Memorandum, Subject: Japanese Draft Revisions of Trade Union Laws（Jan. 19, 1949）．本文書については，竹前・前掲注13)書266-268頁も参照。

においては，基本的に，単位が決定された場合，交渉組合の排他的な権限（この詳細は(3)参照）が生じるという仕組みへと改められている。団体交渉にあたって単位及び交渉組合の決定を必須とすると解しうる第1次案は，実務として妥当し，また，一般的に理解されているところのNLRAの下での仕組みに近いが，第2次案以降の仕組みの方が，GHQ勧告との関係では，より忠実である。

交渉単位の決定主体は，第1義的には労使であり，労使では決定に至らず争いがある等の場合にはじめて，労働委員会が一定の事項を考慮して決定する仕組みが採られていた。このことは，基本的に，第7次案までの草案をつうじて共通している。

(2) 交渉組合の決定

交渉組合の決定についても仕組みは第7次案までの草案をつうじて共通しており，単位内の労働者の過半数の同意を得たものが交渉組合となることとされていた。過半数の同意を得ているかどうかは，基本的には単位内に含まれる労使により決定されることとされているが，労使が過半数の同意を具体的に確認する手続については，草案をつうじて規定を欠いていた。労使により決定されない場合には労働委員会が決定するが，全国労働関係局（National Labor Relations Board, NLRB）による認証につき選挙によることとされているアメリカ法とは異なり，選挙は特別の必要がある場合に限った例外とされていた点に特徴がある。

(3) 交渉組合の権限等

交渉組合の権限等については，第2次案以降において規定されるようになる。第2次案は，(i)単位が決定された場合には交渉組合のみが団体交渉をなしうる，(ii)交渉組合が決定されない場合には各々の労働組合が自己の組合員のために団体交渉をなしうる，と定めていた。なお，(iii)いずれの場合でも単位内労働者による苦情申立ては妨げられないこととされた（22条）。この第2次案の規定は，GHQ勧告の内容に従って起草したものであるといえる。

もっとも，第2次案に対する手書きの修正を含めて，以降の草案では，(i)の交渉組合の排他的権限について，修正，限定が加えられることとなった。すな

わち，第3次案においては，交渉組合は，「単位内の労働者の全部又は一部のために団体交渉をすることができる」として（22条1項），常にすべての単位内労働者を代表しなくてもよいと解しうる規定へと改められた。他方，(ii)及び(iii)については，第2次案と同内容を定めていた。

第4次案以降の草案は，第2次案及び第3次案が，いわば「人」単位で交渉組合の権限を規定していたのに対し，基本的に，「事項」ごとに交渉組合の権限を規定する形へと更に改められた。具体的には，例えば，第5次案では，単位決定の際に団体交渉をする事項が明示された場合には当該事項についての排他的権限を，明示がない場合には労働条件その他の労働者の待遇の基準に関する事項についての排他的権限を有するとされた（25条2項）。明示の内容によっては労働条件についての事項であっても交渉組合以外の労働組合が労働者を代表することが可能である余地があり，この点で，交渉組合の排他的権限は，限定の可能性があるものとなっている。(ii)については，第4次案，第5次案では対応する明文の規定がない状態になっていたが（但し，変更ないものと解釈することは可能である），第6次案では同様の規定が復活するに至っている（44条2項）。

(4) 交渉組合が締結した労働協約の適用範囲

交渉組合が締結した労働協約の適用範囲について，第1次案及び第2次案では，労働条件その他の労働者の待遇に関する基準について，単位内のすべての労働者に適用するとされていた。このことは第3次案においても同じであるが，第3次案においては，(3)で述べた権限との関係が未整理なままであったと考えられる。第4次案に手書きで修正がなされた後以降の草案では，(3)で述べた交渉組合の権限事項についての労働協約の定めが，単位内のすべての労働者に適用されることとされた。

(5) 小　括──24年労組法の草案における交渉単位及び交渉組合制度の特徴

以上検討した24年労組法の立法過程で構想された交渉単位及び交渉組合制度は，細部を捨象しつつ要約すれば，(i)第1次案を除き，団体交渉を行うにあたって必ず単位及び交渉組合を決定しなければならないわけではなく，交渉組合（ないし単位）が決定されない場合には，各々の労働組合が自己の組合員のために団体交渉をなしうる，(ii)第2次案への手書き修正がなされた以降の草案では，

単位及び交渉組合が決定されても，交渉組合の権限（及び交渉組合が締結する労働協約の効力）は，排他性が貫徹されていない（第 2 次案への手書き修正及び第 3 次案），あるいは，交渉事項との関係で限定がありうる制度設計となっている（第 4 次案ないし第 7 次案），というものである。

　草案における交渉単位及び交渉組合制度は，労働者側交渉主体の決定や，団体交渉の対象範囲の観点から，誠実交渉義務にかかる規定と同様に，団体交渉過程について立法をつうじて制度化を図るものであり，また，基本的には，GHQ 勧告に従い，使用者による労働者の分断を防ぐべく，単位内労働者について多数決原理に基づく，統一的な労働条件決定システムを構築しようとするものであったと理解することができる。交渉組合が選出されていない場合に各々の組合が自己の組合員のために団体交渉をなしうる点は，既に述べたとおり一般的な理解におけるアメリカ法とは異なるが，GHQ 勧告には，むしろ忠実に従っているものであった。[22] とはいえ，交渉組合の権限について限定が付されうる設計となっていた点は，QHQ 勧告及びアメリカ法とは異なる点と考えられるものである。[23]

---

[22] NLRA の下での制度の理解については，近年，排他的交渉代表が選出されていない場合には，過半数組合ではない組合（minority union）が自己の組合員のみのための団体交渉（members-only collective bargaining）を行うことも保護の対象とされ，使用者はこうした団体交渉の応諾を義務付けられるとの主張が有力になされている。Charles J. Morris, The Blue Eagle at Work: Reclaiming Democratic Rights in the American Workplace (Cornell University Press, 2005). 同書は NLRA の立法史，テキストの検討のほか，ワグナー法制定後初期の実務がこのような団体交渉に一定の保護を与えていたことを論じつつ，上記の主張をなしている。これは憶測にすぎないが，GHQ 勧告が現在の一般的な NLRA の理解と異なっているのは，当時の実務を念頭に置いていたものであるからかもしれない。なお，同書は多数決原理を否定するものではなく，むしろ，逆に，排他的交渉代表の地位に至るステッピング・ストーンとして，自己の組合員のみのための団体交渉も保護の対象となり，使用者はこれに応じることを義務付けられるとするものである。

[23] もっとも，このような設計がなされた理由については，本論文執筆の時点では明らかにすることができなかった。日本の実情を踏まえたもの，すなわち，例えば，日本の労働組合が多くは企業内に組織の基盤を有していることを（特にいわゆる債務的部分との関係で）念頭に置いた，ないしは，労働組合とその上部団体との間における権限分配の問題を念頭に置いた等のことが考えられるが，憶測の域を出ない。

V　24年労組法の立法過程における労働協約の適用にかかる規定

　労働協約の適用にかかる規定として，規範的効力を定める規定を別として，法案転換前である第7次案までの草案においては，20年労組法が定めていた拡張適用の規定（工場事業場単位の拡張適用及び地域的拡張適用の規定）は基本的に存在せず（第2次案（32条ノ2）及び第3次案（32条）には工場事業場単位の拡張適用の規定が存在していた），他方で，Ⅳ2(4)で述べた交渉組合が締結した労働協約の適用範囲についての規定が存在していた。法案転換後の第8次案以降の草案においては，交渉単位及び交渉組合制度そのものが採用されなくなったことに伴い，交渉組合が締結した労働協約の適用範囲の規定も姿を消し，他方で拡張適用の規定が，口語化を別として，20年労組法と同じ形で復活することとなった[24]。

　第2次案及び第3次案では工場事業場単位の拡張適用の規定と，交渉単位及び交渉組合制度を前提とする協約の適用範囲についての規定とが併存する状態にあったが，第3次案に対するジャクソンのコメント[25]では，これらのうち拡張適用の規定について，交渉組合が締結した協約の適用範囲についての規定へと改めるべきことが勧告されていた[26]。第3次案を練り直した第4次案以降の草案は，こうしたGHQ側の考え方を反映させたものといえる。

　こうしたGHQ側の考え及びこれを反映させた第7次案までの草案の背景には，労働条件を規律するにあたって，労働協約の拡張適用（特に，工場事業場単

---

24) なお，地域的拡張適用の規定は，第12次案への手書き修正により労働協約の当事者の申立てによらず拡張適用の決定をなしうるとする部分が削除されるなどしており，成立した24年労組法の規定は，20年労組法と完全に同じわけではない。
25) 注21)参照。
26) 同じくジャクソンが作成した，第3次案についてのGHQ労働課内での会議メモでは，32条については，単純に削除すべきであるとされている（Paul D. Jackson, Memorandum, Subject: Conference Report on Japanese Draft Revisions of Trade Union Laws (Jan. 23, 1949)）。これは，交渉組合が締結した協約の適用範囲についての規定が別途存在していた（第3次案23条）ことを踏まえてのものと推測され，基本的にジャクソンのコメントと同じ考え方に基づくものと考えられる。

位のそれ）と排他的交渉代表制度の下における労働協約が機能的に代替する側面を有しているとの認識を見て取ることができる。[27)]

Ⅵ 団体交渉，労働協約の適用にかかる24年労組法の立法過程から学びうること

　本論文において検討してきた，24年労組法改正において立法が試みられた団体交渉にかかる規定，すなわち，労使双方の誠実交渉義務，交渉単位及び交渉代表制度は，いずれも，法案転換後，草案から姿を消すこととなり，成立した24年労組法は，団体交渉拒否の不当労働行為について定める7条2号を措くと，結局，20年労組法と同じく，団体交渉の権限について規定するに止まった。

　法案転換については，ドッジラインの下における経済九原則の厳格な実施のため，労働組合をいたずらに刺激しないようにする必要があった等の要因が指摘されている。[28)]こうした政治的要因ももちろんであるが，法律論としては，誠実交渉義務にかかる規定が姿を消したのは，団体交渉を拒否しうる場合についての詳細な定めが，使用者による団体交渉拒否の口実となるとの批判があった[29)]ことが一要因であると推測される。また，交渉単位及び交渉組合制度については，当時，産別会議において民同派が台頭するなど，総同盟を含めて労働運動が分裂する中で多数決原則を導入することへの警戒があったほか，法的には，アメリカで問題となった労働者の組織化をめぐる労働組合の縄張り争いが日本では存在せず，実情に合わないこと，そして，特に，憲法28条との関係で違憲

27）　排他的交渉代表制度と労働協約の拡張適用の機能的類似性を指摘する見解自体は多くみられる。例えば，東京大学労働法研究会『註釈労働組合法』（有斐閣，1949年）160頁参照。
28）　遠藤・前掲注1）書322-334頁。
29）　例えば，公聴会での労働側による反対意見として，労働関係法令立法史料研究会編・前掲注2）書［解題篇］152頁［竹内（奥野）寿執筆］参照。後述する法務庁の意見（後掲注31））も同旨を指摘している（同書160頁［竹内（奥野）寿執筆］参照）。このほか，理由は述べられていないが，労働法学者の意見である労働法研究会「労働法改正案に対する意見」法時21巻5号（1949年）54頁，54頁も，誠実に交渉すべき旨の規定（なお，同意見はこれを条理規定と表現している），団体交渉を拒否しうる規定，いずれも削除すべきであるとしている。

ではないかが問われたことが要因をなしていると推測される[30]。例えば，昭和24年3月9日付の法務庁の意見は，第5次案（労働省試案）の交渉単位及び交渉組合の決定にかかる規定のうち，労働委員会が関与するものについては，憲法28条の労働基本権保障が少数組合であっても及ぶことを理由に削除すべき旨主張していた。

団体交渉にかかる規定についてのこうした批判がこれらの制度について考える上で意義あるものであることはもちろんである。もっとも，同時に，こうした規定が採用に至らず，検討の過程で姿を消したことから読み取れることについて考察することも意義があると考えられる。この観点からは，以下の3点を指摘しうる。

第1に，団体交渉に関する具体的規定として，6条及び7条2号のみが存在する現行法の状況は，24年労組法の立法過程において誠実交渉義務の規定の追加が検討されたこととの対比では，立法としては，団結承認的な意味以上には，団体交渉の過程を規整していない（団体交渉の過程についての準則の形成については労働委員会や裁判所に全面的に委ねる）ものとみることが可能であると考えられる。起草過程において検討された，団体交渉を拒否しうる具体的な規定がそのまま参照に耐えるものではないと考えられるものの，GHQ側が考えていたような，合理的な時期に合理的な条件の下議論に応じること，提案，反対提案を行うこと等，誠実に交渉することの基本的な内容についての立法化を図ることは，検討されてよいのではないかと考えられる。

第2に，交渉単位及び交渉組合制度等に関して，24年労組法改正は，企業や事業場等の一定の範囲の労働者について，多数決原理に基づく統一的な労働条件決定のシステムを——Ⅳ2(5)で述べたとおり，アメリカにおいて一般的に理解されている排他的交渉代表制度とは異なる側面を伴いつつ——構築しようと試みたものと捉えることができる。翻って，上述した事情の下これらの制度の

---

30) 公聴会での反対意見につき，労働関係法令立法史料研究会編・前掲注2)書［解題篇］152頁［竹内（奥野）寿執筆］参照。
31) 「法務庁調意二発第十二号」（簿冊⑦387-410頁）。詳細については，労働関係法令立法史料研究会編・前掲注2)書［解題篇］160頁［竹内（奥野）寿執筆］参照。

導入が断念されたことは,労使関係法の領域における統一的な労働条件決定システムの欠如をもたらすこととなったとみることができる。この点,Vで述べたとおり,労働協約の拡張適用は,交渉単位及び交渉組合制度を機能的に代替する側面を有するものとして捉えられていたところ,24年労組法改正(及び労働関係調整法の一部改正)についての国会審議のために準備されたと推測される「労働組合法案及び労働関係調整法の一部を改正する法律案予想質疑」は,24年労組法17条,18条について,ある労働協約が拡張適用される場合,(拡張適用不能の債務的部分を除き)他に存在する労働協約は効力を停止するとしており,拡張適用制度を,(非組合員はもちろん)他組合の組合員たる労働者にも及ぶとするものと解される見解を明らかにしている。この見解によれば,労働協約の拡張適用をつうじた形でなお,労使関係法の領域における統一的な労働条件決定システムが存在するとみることも可能であるが,留保なく(有利不利等の如何を問わず)他組合の組合員に17条の拡張適用を認める裁判例は見当たらないようであること等を考慮すると,このような評価は難しいと思われる。統一的な労働条件決定は,今日,就業規則法理に委ねられている形となっているが,労使関係法において法理を備える必要がないか否か,改めて検討すべきであると

---

32) 昭和27年労働組合法改正の過程においても(労働者側の団体交渉義務と共に)交渉単位制の導入が検討されたが,労使の反対にあい,結局は導入しないこととされた。なお,1951年10月10日に労働省労政局が公にした「労働関係法(仮称)要綱試案」の段階では,単位制の「一部採用」として労働組合とその上部団体との交渉権限分配問題に対応する制度として構想されており(「労働法改正資料集成」ジュリスト9号別冊付録(1952年)5頁),24年労組法改正において当初導入が勧告されたものとは相当程度違いがある。昭和27年労働組合法改正の過程における交渉単位制にかかる動向については,外尾健一「わが国における不当労働行為制度の歴史的沿革」外尾健一編『不当労働行為の法理』(有斐閣,1980年)1頁,30-37頁が詳しい。

33) 詳細については,労働関係法令立法史料研究会編・前掲注2)書[解題篇]214頁[和田肇執筆]参照。同旨,賀来才二郎『改正労働組合法の詳解』(中央労働学園,1949年)163-164頁。

34) なお,20年労組法の下における工場事業場単位の拡張適用についても,既に述べたとおり,末弘博士の説明上は,他組合員にも拡張適用されるものであるか否かは明らかではないこと,また,GHQ勧告でも例外的なものとして理解されていたことを踏まえると,同様に,労使関係法の領域における統一的な労働条件決定システムを定めたものとしてみることは難しいと思われる。

思われる[35]。

　第3に，第2の点に関連するが，GHQ勧告が，多数決原理の導入を主張した理由として，使用者による労働者の分断を防止することを挙げていることは，改めて注目されてよいのではないかと考える。労働者の分断の防止は，使用者が各々の労働者集団との労働条件にかかる交渉を操作することをつうじ，労働者同士での労働条件の切り下げ競争を惹起させ，全体としては労働者側の交渉力が削がれることを防ごうとする趣旨に出たものと解される。労働者自らが望む形で団結し，団体交渉を行うことができるようにすることも重要な価値であるが，労働者に団結権，団体交渉権，団体行動権が保障されているのはその交渉力を高め，地位の向上を図るためのものであることを踏まえると，使用者による労働者の分断を防止することも，これらの権利の保障のあり方を考えるにあたり考慮に値する可能性があるのであって，少なくとも，この可能性について検討が尽くされる必要があるのではないかと考えられる。

VII　むすび

　24年労組法の立法過程における，誠実交渉義務，交渉単位及び交渉組合制度は，GHQ勧告をつうじて，アメリカ法の影響を強く受けた形で立法作業が開始された。基本的にGHQ勧告に従って立法化が進められていったが，誠実交渉義務に関連して団体交渉を拒否しうる場合を詳細に列挙するなど，日本の実情との関係で，アメリカ法とは異なる規定の仕方となっていったものがみられる。交渉組合が決定されていない場合には各々の組合が自己の組合員のための団体交渉をなしうるとされていた点は，現在のアメリカ法の下での制度とは異なるものの，学説との関係では注目すべきものとなっている。

　立法の結果としては，これらの規定や制度は導入が断念された。このことは，団体交渉過程の制度化や，統一的労働条件決定システム構築の試みが挫折した

35）　この点に関し，近時において，労組法17条を事業場レベルでの労働条件の統一的決定のための制度とみて，少数組合の組合員にも拡張適用の効力を及ぼすことを肯定する見解として，大内伸哉『労働者代表法制に関する研究』（有斐閣，2007年）155-159頁参照。

ことを意味している。団体交渉にかかる24年労組法の立法過程についての考察は，こうした状態が，そのままとされることでよいのか，改めて問いを抱かせるもののように思われる。

　　　　　　　　　　　　　（たけうち〔おくの〕　ひさし）

昭和24年労働組合法の立法過程と不当労働行為制度
―― アメリカ化の圧力,反作用,断裂 ――

中　窪　裕　也
（一橋大学）

I　はじめに

　シンポジウム「労働組合法立法史の意義と課題」の第3報告として,本稿では不当労働行為に関する規定を取り上げ,昭和24年の現行労働組合法の制定過程に焦点を当てながら,検討して行く[1)]。

　周知のように,使用者の不当労働行為に対して労働委員会が救済命令を発するという,いわゆる行政救済のシステムは,昭和24年法で初めて採用された。そのルーツは,アメリカで1935年に制定された,全国労働関係法 (National Labor Relations Act) である。これが,後に見るように,GHQ（連合国軍総司令部）から「勧告」という形で日本側に押しつけられたことは,否定の余地がない。その意味で,不当労働行為制度は,労組法全体の中でも,とりわけアメリカ化の圧力が顕著な分野といえる。

　しかし,他の報告でも示されるように,具体的な規定の内容は,各次の草案で様々な興味深い変化を示しており,さらに第8次案による「法案転換」が,

---

1) 他の報告と同様,本稿における考察は,労働関係法令立法史料研究会『労働組合法立法史料研究（条文史料篇）』,同『労働組合法立法史料研究（解題篇）』（いずれも,労働政策研究・研修機構,2014年。以下,それぞれ「立法史料研究・条文史料篇」,「立法史料研究・解題篇」という形で引用する）にもとづいている。GHQ勧告や各次の草案の位置づけと特色,「法案転換」の意義等については,立法史料研究・解題篇84-105頁［竹内（奥野）寿］を参照。
　また,占領政策を含む昭和24年労組法改正の経緯については,竹前栄治『戦後労働改革』（東京大学出版会,1982年）251頁以下,遠藤公嗣『日本占領と労資関係政策の成立』（東京大学出版会,1989年）285頁以下。

決定的ともいえる影響をもたらした。交渉単位制の放棄もその１つであるが，単純なアメリカ化ではなく，いわば反作用との相克の結果として，独特の不当労働行為救済制度が生まれることとなったのである。

以下では，この過程を，実体規定と手続規定とに分けながら検証する[2]。その上で，かかる立法経過の注目点やそれがもたらした影響について，若干の考察を行ってみたい。

Ⅱ 前提的考察

1 不当労働行為制度と昭和24年法の位置づけ

(1) 昭和20年法の規定

最初に，不当労働行為制度に関する昭和24年法の位置づけについて，簡単に確認をしておこう[3]。日本の不当労働行為制度の出発点は，昭和20年労働組合法，いわゆる旧労組法の11条である。同条は，①労働組合の組合員たることを理由とする解雇その他の不利益取扱い，②労働組合への不加入・脱退を雇用条件とすること（黄犬契約），という２つの行為類型を禁止した。これらは戦前の法案を基礎としたものであり，この段階では，アメリカ法の影響はほとんどなかったと言われる。

11条に違反した使用者に対しては33条１項に刑罰が設けられ，この罪に関しては，同条２項によって，労働委員会の請求が必要とされた。つまり，20年法の直罰主義の下，検察官に対して処罰請求を行うという形で，不当労働行為（当時の言葉でいえば，不公正労働行為）に関する，労働委員会の関与が始まったのである。

---

[2] より詳しくは，前掲注１）立法史料研究・解題篇167-201頁［中窪裕也］。また，各草案の具体的な条文については，前掲注１）立法史料研究・条文史料篇53頁以下に掲載されているので，そちらを参照していただきたい。

[3] 戦前の法案から昭和27年改正まで，日本の不当労働行為制度の発展を的確に整理した文献として，外尾健一「わが国における不当労働行為制度の歴史的沿革」外尾健一編『不当労働行為の法理』（有斐閣，1985年）１頁。また，現在の不当労働行為制度の姿については，道幸哲也『労働委員会の役割と不当労働行為法理』（日本評論社，2014年）を参照。

その後，昭和21年の労調法制定時に，①の不利益取扱いの事由の拡大（組合結成・加入をしようとしたこと，労働組合の正当な行為をしたことの追加）が行われ，また，労調法（旧）40条に，新たな不利益取扱いの禁止規定（争議調整での発言，争議行為をしたことを理由とする解雇等を禁止）が設けられた。後者についても，労働委員会の請求を条件とする直罰主義がとられている。

(2) 昭和24年法による変革

これに対して，昭和24年法がもたらした変革は，次の2点である。第1に，禁止される不当労働行為として，現在の7条2号と3号，すなわち，団交拒否と支配介入・経費援助を追加したことである。20年法の①と②は合体して1号となり，計3号の構成となった。ちなみに，現在の4号は，後の昭和27年改正で追加されたものである。

第2に，20年法の直罰主義を廃し，先に述べたように，違反した使用者に対して労働委員会が「救済命令」を発するという，行政救済のシステムを採用したことである。同時に，労働委員会の調査・審問，中労委の再審査，裁判所での取消訴訟，緊急命令など，現在につながる救済手続が整備された。

(3) 章立ての問題

この24年法の立法過程について，以下に詳しく見ていくが，1つだけ，特に重要と思われる点を，ここで指摘しておきたい。それは，当初の草案では，「第三章　不当労働行為」という，独立の章が設けられていたことである。そこでは，禁止される不当労働行為を列挙した実体規定に続けて，労委の救済命令等の手続規定が設けられていた。第5次案と呼ばれる2月13日の草案は，労働省試案として公表され，公聴会にかけられたが，そこでも同様の構成であった。

ところが，3月30日の第8次案で，不当労働行為の章は姿を消し，実体規定は「第二章　労働組合」に，手続規定は「第四章　労働委員会」に，それぞれ置かれることとなった。この第8次案は，GHQから日本側に手渡されたものであり，当初の大規模な改革をあきらめて，20年法の枠組みを用いながら，必要最小限の改正にとどめる，というGHQの方針変更を示している。不当労働行為に関する規定の内容にも，後に見るように，大きな変化がもたらされるこ

ととなった。

2 アメリカ法のモデル

(1) 「被用者の権利」とその侵害

もう１つ，草案の変遷をたどる前の準備作業として，不当労働行為に関するアメリカ法の特徴点を，確認しておこう。アメリカの不当労働行為制度の核心となるのは，全国労働関係法７条が定める「被用者の権利」（Rights of Employees）の保障である。[4] そこには，団結権，団体交渉権，団体行動権という，いわゆる労働三権が明記されている。

この権利の保障を具体化するのが，同法８条による不当労働行為（unfair labor practices）の禁止である。８条には，使用者の不当労働行為として，①７条の権利の行使に対する干渉・妨害・威圧，②支配介入・経費援助，③組合員たることを抑制または奨励する差別，④申立てや証言を行ったことを理由とする差別，⑤団体交渉の拒否，という５つが列挙されている。これらのうち，②は日本の３号に，③は１号に，④は４号に，⑤は２号に，それぞれ対応する。もっとも，③では「奨励」も許されないので，組合員に対する有利な取扱いも違法となり，また，⑤は排他的交渉代表制度を前提とするため，交渉単位で多数の支持を得た組合との交渉拒否だけが違法となるといった，日本との相違点もある。

しかし，アメリカで何よりも特徴的なのは，①に掲げられた，７条の権利の行使に害する侵害の禁止である。この規定は，不当労働行為全体の包括規定という役割を担っており，使用者が②から⑤までの不当労働行為を行った場合には，①の違反も派生的に成立する。また，それに加えて，①の違反のみが独立に成立する場合も，かなり広範に認められている。７条の被用者の権利を支え，

4）中窪裕也『アメリカ労働法〔第２版〕』（弘文堂，2010年）35頁以下，同「アメリカ全国労働関係法における被用者の権利」菅野和夫先生古稀記念論集『労働法学の展望』（有斐閣，2013年）595頁。なお，1947年の法改正によって，同法７条で被用者が団結等を行わないという消極的な権利も保障され，また８条に労働団体の不当労働行為も追加されたが，積極的権利の保障はそのまま維持されており，以下に述べる点に特段の変更はない。

シンポジウム（報告④）

それと表裏一体となって機能する，まさに中枢的な規定なのである。

(2) 不当労働行為の救済手続

上記に続く9条では，交渉単位における多数決で選ばれた排他的代表組合の権限と，その選出のための手続を定めており，アメリカでは重要な規定であるが，ここで扱う必要はないであろう。その次の10条が，不当労働行為の救済手続を定めた規定である。日本の労働委員会にあたる全国労働関係局（National Labor Relations Board），いわゆる NLRB が，申立てを受けて調査および審問を行い，不当労働行為があったと認められる場合には，当該行為の中止と，バックペイ付き復職などの積極的な是正措置を命じる[5]。

NLRB の命令に対しては，連邦の控訴裁判所（Court of Appeals）で司法審査の途が開かれているが，日本と異なり，不服の当事者による取消訴訟だけではなく，NLRB の側が命令への執行力付与（enforcement）を求めて自ら訴訟を提起することも認められている。司法審査にあたっては，よく知られているように，実質的証拠法則（substantial evidence rule）が採用され，NLRB が行った事実認定は，裁判所に対して一定の拘束力を有する。また，当事者による新証拠の提出も，原則として認められない。

以上のように，アメリカの場合には，7条の被用者の権利，8条の不当労働行為の禁止，10条の救済手続が一体となって，不当労働行為制度を形作っている。その基礎にあるのは，労働者の団結活動に厳しい制約を課してきた従前の法状況への反省，そして，裁判所に対する深い不信である。新たな連邦法によって，被用者の権利を明確かつ具体的に保障し，それを裁判所ではなく，労働問題の専門機関たる NLRB が解釈適用してエンフォースする，裁判所は事後的な司法審査しか許さない，という制度が，意識的に作られたのである[6]。

---

5) アメリカの不当労働行為救済手続については，道幸哲也『不当労働行為救済の法理論』（有斐閣，1988年），山川隆一『不当労働行為争訟法の研究』（信山社，1990年），千々岩力『アメリカ不当労働行為審査制度の研究』（日本評論社，1996年）。NLRB の一部門が調査にもとづき救済請求状を発し，訴追側当事者となる点は，日本と異なる特色である。

6) 中窪裕也「救済システムとしての労働委員会」日本労働法学会誌72号（1988年）5頁を参照。

Ⅲ 昭和24年法の立法過程における展開

1 GHQ勧告

以上を前提に，昭和24年労組法の立法過程を見ていこう。最初に取り上げるべきは，草案の作成に先立ってGHQから示された勧告である。昭和23年の秋にGHQ内部で作成され，24年1月早々に日本側に手渡されて，法改正の直接の契機となった。[7] 不当労働行為に関して注目に値するのは，GHQの側から，実体的な禁止規定と救済手続の両方について，具体的な条文の形で案が示されたことである。

(1) 実体規定に関する勧告案

まず，実体規定については，法律の目的を定める「1　前文」に続けて，「2　第　条　被用者の権利」という規定が提案されている。そこでは，まず，第1項として，「被用者は，自由的な組織を行い，労働組合を結成し之に加入し又は之を援助し，及び，自らえらんだ真正に選挙せられた代表を通じて団体交渉を行う権利を有する」と定めている。団体行動権はなぜか見当たらないが，団結権と団体交渉権が明記されている。

次に，第2項では，「使用者は，被用者が前項により保証せられた権利を行うにあたって，之に干渉し，之を抑制し，又は之を脅迫してはならない」と定めた上で，「さらに使用者が次の行為をすることは違法である」として，(A)から(C)まで，3つの行為を列挙している。簡単に言うと，(A)支配干渉・財政的援助，[8] (B)組合員たることを鼓舞・失望させる解雇等の差別待遇，組合〔不〕加入・脱退の雇用条件化，(C)誠意ある団体交渉の拒否，である。

つまり，(B)に20年法11条の2つの行為を置き（組合員の優遇も不可という点は

---

7) 勧告には第1回から第3回まであり，第1回と第2回は詳細でほぼ同内容，第3回は簡素である。ここでは，翻訳がより明解な第1回勧告を取り上げる。勧告の全文（日本語訳）は，前掲注1）立法史料研究・条文史料篇28頁以下に収められている。

8) 「干渉」の原文となる英語は"interfere with"であり，最終的な「介入」と同じである。GHQ第2回勧告では，同じ言葉を「関与」と訳している。

異なるが），その前後に，(A)の支配干渉・財政的援助と，(C)の団交拒否を加えた形になり，そこだけ見れば，24年労組法の最終的な姿によく似ている。しかし，その前に，「被用者の権利」の保障と，それに対する使用者の侵害行為を包括的に禁止する規定がある点が，大きな違いである。これがアメリカの全国労働関係法と同じ構造であることは，言うまでもない。

(2) 手続規定に関する勧告案

次に，手続規定についても，GHQ勧告は，直罰主義の下では，使用者が処罰されても労働者や組合に対する直接的な救済にならないことを，かなり詳細に指摘した上で，4つの条文を提案している。

第1は，行政救済の核心というべき，労働委員会の救済命令の規定である。違反があった場合，委員会はその事実認定を公表した上で，使用者にかかる行為を中止・断念させ，かつ，バックペイ付き復職など，この法律の精神を効果あらしめるための行為をとらせるような命令に服さしめる旨を定めている。

また，第2に，命令を受けた使用者は15日以内に地方裁判所に異議の訴訟を提起しうること，第3に，その場合に裁判所は，労働委員会の事実認定に「推定的効力」を与えた上で，命令の適法性を判断すること，第4に，命令が裁判所により支持された場合，使用者によるそれ以上の不服従に対しては懲役または罰金という刑事制裁が科せられることが，それぞれ条文の形で書かれている。

救済命令の内容や事実認定の推定的効力などに，アメリカ的な色彩が強く現れているが，労働委員会の側が裁判所に命令の強制等を求める手続がない点は，少し異なっている。

2 実体規定の動き

(1) 第1次案の内容

このような勧告にもとづき始まった草案の起草作業で，不当労働行為の規定は，どのような経過をたどったのであろうか。まず，実体規定について見れば，出発点となる第1次案の16条は，1号から6号まで，6つの類型を定めている。

それらのうち，最初の5つは，簡略化していえば，①支配関与・財政上の援助，②組合結成・加入（しないことを含む）を理由とする解雇・不利益取扱い，

③黄犬契約，④団体交渉の拒否，⑤争議調整での発言，正当な争議行為を理由とする解雇・不利益取扱い，である。

　②と③は，20年法の当初の規定を引き継ぐものである。ただ，②が組合に加入しないことを理由とする不利益取扱いも禁止する点は新しく，アメリカ的な差別の禁止になっている。他方，⑤は，労調法40条の規定を取り込んだものである。新たな追加は，①の支配関与・財政上の援助と，④の団交拒否ということになるが，これらはいずれも，上記のGHQ勧告の中で提案されていた。

　第1次案の大きな特徴は，最後に6号として，「前各号に掲げるものの外，労働者が，自ら団結し労働組合を結成し若しくはこれに参加し若しくはこれを援助し又は自由に代表者を選出し，この代表者を通じて団体交渉を行い，その他労働組合の正当な行為をすることにつき，これに干渉し，妨害し，抑圧し若しくは強制しその他不利益な取扱をすること」という，包括的な規定が存在することである。「労働組合の正当な行為」という言葉は，改正後の20年法にも見られたが，それを含めた労働者の団結・団体交渉等の行為を広くカバーした上で，使用者による干渉・妨害等を禁止している。

　GHQ勧告が提案していた「被用者の権利」の保障の規定は，第1次案には含まれておらず，以後の草案でも同様である。しかし，上記の包括規定の基礎には「被用者の権利」が想定され，その行使に対する侵害行為を広く禁止したと考えるのは，決して不自然ではないと思われる。その意味で，この第1次案は，GHQ勧告そのままではないが，その内容をかなり忠実に反映したものというべきであろう。

(2) 第5次案までの動き

　以後の草案では，公表され公聴会にかけられた第5次案が1つの区切りとなるが，不当労働行為の実体規定についての動きは，あまり大きくない。第4次案で，現在の4号にあたる規定が包括規定の前に追加され，全6号から全7号となったこと，および，不当労働行為の主体として，使用者の「団体」が加わったことが，目を引く程度である。

　もちろん，細かな点で，注目すべき変化がないわけではない。第2次案で，団体交渉の相手方が，「労働者」の代表者から，「労働組合」の代表者ないし委

任を受けた者になった点や，第4次案で，支配関与の「関与」が「妨害」に変わった点などは，アメリカとはやや異なる方向性を示すものであり，興味深いものがある。

(3) 第6次案における再編

それがより鮮明に現れたのは，次の第6次案である（第7次案も同内容）。この草案は，公聴会の後，日本政府内部で作られたものであるが，最大の特徴は，最後の7号にあった包括規定が消滅したことである。同時に，旧7号の一部が1号に移動し，「労働者が労働組合を組織し，これに加入し，若しくはこれらの行為をすることを援助すること，自由に代表者を選出し，団体交渉をする等労働組合を運営すること，その他労働組合の正当な行為をすること又はこれらのことをしようとすることにつき，これに干渉し，又はこれを妨害すること」となった。他方で，旧1号にあった経費援助（第4次案でこの言葉に変更）は，独立して2号となり，全7号という点は同じであるが，旧2号以下の条文が繰り下がった。

つまり，アメリカ法に由来する支配介入（第1次案では支配関与）という類型が，第4次案で支配「妨害」と若干の変容を示していたが，第6次案において，根本的な再編を受けた。包括規定の一部と結合し，干渉・妨害の禁止となる一方で，特徴的な「支配」という言葉を失い，かつ，経費援助とは切り離されたのである。それが不当というつもりはないが，少なくとも，アメリカの発想からは出てこない，その意味で，たいへん日本的な規定であるように思われる。

(4) 第8次案による転換

その後，前述のように，GHQの指示にもとづく第8次案によって，大きな変更がもたらされる。不当労働行為の実体規定についていえば，行為主体として使用者団体が消えるとともに，規定の数が大きく減少し，20年法を引き継いだ7条1号の不利益取扱いと黄犬契約に，2号の団交拒否，3号の支配干渉・経費援助が追加されて，今日までつながる形ができあがった。ただ，よく見れば，1号の前段は不利益取扱いではなく，アメリカ的な差別待遇の禁止となっている。また，2号で「被用者の代表者」や「誠実に」という言葉が入っていることや，3号が「支配」干渉に戻ったことも，アメリカ的な要素である。

したがって、この第8次案は、形は20年法であるが、アメリカ側からの揺り戻しという性格があるように思われる。ただ、見逃してはならないのは、第5次案まで最後に設けられていた包括規定が、消滅してしまったことである。第6次案では、形は大きく変わったものの、1号の広範な規定の中に包括規定は引き継がれていると理解することも可能であった。しかし、第8次案でこれが完全に姿を消し、その後も復活することはなかった。

(5) 第9次案以降

以後の動きは、比較的小さなものである。第9次案で、1号前段が、差別待遇の禁止から20年法と同じ不利益取扱いの禁止に変わったが、但書がそのまま残ったため、本文と但書との不整合という問題が生じることとなった。[9]

また、2号の「被用者の代表者」については、第11次案で、労働組合の代表者・委任を受けた者に変更された後、第12次案で、労働者の代表者に戻ったが、「使用者が雇用する」という文言が追加された。今日の使用者性をめぐる議論との関係でも興味深い展開であるが、ここでは立ち入らない。なお、「誠実に」という言葉は、第9次案で消えている。

3号については、第11次案で「干渉」が「介入」に改められ、現在の支配介入という言葉がようやく確定した。

(6) 統一理念の喪失？

結局、実体規定に関しては、GHQ勧告の「被用者の権利」の残影ともいうべき包括規定が、第8次案による法案転換によって消滅したことが、最大のポイントといえる。昭和24年法の7条の規定は、既存の類型を定める1号に、2号と3号が追加された形になっている。しかし、なぜこれらが不当労働行為なのか、共通するものは何なのか、他に禁止されるべき行為はないのか、といった点は、少なくとも条文を見る限り、まったく手がかりがない。その結果、あえて言えば、不当労働行為全体を貫く統一理念が、見えなくなってしまったのではないだろうか。[10]

---

9) 第9次案も、GHQ が作成した文書を日本側で翻訳したものである。昭和20年法の英語訳で、不利益取扱いに"discriminatory treatment"という言葉が用いられていたことが、この混乱をもたらしたのではないかと思われる。

3 手続規定の動き

(1) 第1次案の内容

次に，不当労働行為の手続規定に目を移してみよう。出発点となる第1次案は，かなりコンパクトである。「第三章　不当労働行為」では，実体規定である16条の後に，17条から19条まで，3か条が設けられている。そのうち，最後の19条は政令への委任規定なので，実質的には，①地労委の救済命令に関する17条，②中労委に対する異議（現在の言葉でいえば，再審査）の手続を定める18条，の2つである。

①は，地労委は，労働者・労働組合等の請求にもとづき調査を行い，違反の事実があった場合には，「その行為を中止し，取消し，又は労働者を復職せしめる等原状回復に必要な措置をとること」を命ずることができる，と定めている。バックペイへの言及はなくても当然含まれていると思われるが，この法律の精神を効果あらしめるための行為を命じるとしていたGHQ勧告と比較して，「原状回復」という言葉は，若干のずれを含んでいるような印象もある。

②では，異議の審査の主体が，現に存在していた中労委ではなく「全国労働委員会」になっている点が目を引く。24年法の当初の草案ではこの言葉が使われていたが，アメリカ的な名称と言ってよいであろう。その点で言えば，17条の見出しも「不当労働行為の防止」であり，アメリカの全国労働関係法10条（Prevention of Unfair Labor Practices）の影響が感じられる。

他方で，前述のGHQ勧告と比較すると，大きな相違点もある。1つは，労働委員会を，当時の日本の状況に合わせて地方と全国の2段階とし，後者に対する異議の手続を設けたことである。もう1つは，その反面ともいえるが，使用者が地方裁判所に異議を申し立てることができる旨の規定が見当たらないことである。裁判所での手続については規定がなく，当然ながら，事実認定の推定的効力の規定も設けられていない。

---

10)　7条各号の私法上の効力について，20年法以来の経緯から，1号についてのみ肯定する学説もある。菅野和夫『労働法〔第10版〕』（弘文堂，2012年）791頁。かかる解釈に一定の説得力があることは確かであるが，これも，7条全体を通じる理念の欠如がもたらした1つの帰結と見ることができるように思われる。

なお、命令違反に対する罰則は、「第七章　雑則」中の51条に設けられているが、ここでも裁判所による支持という要件はなく、命令違反に対して直ちに刑罰が科せられる形となっている。

(2)　第5次案までの動き

以後、第2次案で、救済命令の内容について若干の整備がなされた後、第3次案で、「命令の確認の裁判」という条文が追加され、初めて裁判所が登場する。ただし、GHQ勧告に書かれていたような、使用者による異議の訴訟ではなく、労働委員会の側が、命令の確認を求めて訴訟を提起することができるという、アメリカ的な内容である[11]。いずれにしても、裁判所による司法審査が入ったことに伴い、この第3次案で、労働委員会の事実認定の拘束力の規定も盛り込まれた。また、全国労働委員会という言葉は、中央労働委員会に改められている。次の第4次案は、残念ながら、この部分の資料が欠落しており、内容は不明である。

第5次案は、公聴会にかけられた草案であるが、裁判所関係の条文がさらに増え、手続規定は全部で7か条になった（罰則は除く。以下も同様）。実体規定である15条の後に、労委の救済命令（16条）、中労委への不服申立て（17条）、政令への委任（18条）という、第1次案以来の3つの規定がある。それらに続く、19条から22条までの4か条が、裁判所の手続を定めている。

それらの詳細は省略せざるを得ないが、19条1項では、労委の側が地方裁判所に「認可」の請求をすることができる旨を定めている。認可が認められれば、22条によって使用者に命令の遵守義務が生じ、違反した場合には、刑罰も科せられる（63条）。他方、20条5項但書で、使用者の側も、当時の行政事件訴訟特例法により命令の取消訴訟を提起することが可能とされている。また、20条2項に、労委の事実認定の拘束力の規定があり、19条2項には、新証拠の提出制限の規定が、初めて登場した。

なお、公聴会においては、特に労働側から、労委の命令が出されても、裁判所で認可があって初めて拘束力が生じるようでは遅すぎる、現行の直罰主義を

11）命令の違反に対して刑罰があるが、その罪は、命令の確認の裁判の確定後に、労働委員会の請求を待って論ずるとされている（56条1項・3項）。

シンポジウム（報告④）

維持すべきだ，という意見が多く出されている[12]。

(3) 第6次案による肥大化

その後，日本政府内部の検討により，第6次案と，これに微修正を加えた第7次案が作られているが，実体規定の場合と同様，その内容は，かなり特異な印象を受ける。何よりも，裁判所関係の条文が異常ともいえるほどに増殖し，手続規定は全18か条となっている。現在の緊急命令の規定なども，その中で姿を現した。

さらに，よく見ると，命令を発した労働委員会は，裁判所に「認証」の請求を「しなければならない」と書かれている。それまでのアメリカ的な，労委の裁量により裁判所にエンフォースを求めるシステムとは異なり，すべての労委命令について，裁判所による司法審査を強制するものとなっている。これに対しては，裁判所手続と一体化することによって労委命令の実効性を高めようとしたという評価もありうるが[13]，総体として，労働委員会を裁判所に従属させるような印象を否定できない[14]。

そのほか，労働委員会の救済命令の内容として，行為の中止，復職その他の原状回復と並ぶ形で，「当該不当労働行為によって生じた損害を賠償すること」が追加されている。詳しくは述べないが，これもアメリカとは異なる発想の，民事訴訟的な規定のように思われる。

(4) 第8次案による転換

そこに生じたのが，第8次案による法案転換である。この草案では，前述のように，手続規定が実体規定から切り離されて「第四章　労働委員会」に移され，かつ，28条だけに縮小されてしまった。もっとも，そこには様々な規定が文章を羅列したような形で含まれており，見た目よりは分量がある。そして，その内容を見ていくと，先に見たGHQ勧告の条文に酷似している。地労委・

---

12) 前掲注1）立法史料研究・解題篇199-201頁［中窪裕也］を参照。
13) 濱口桂一郎「不当労働行為審査制度をさかのぼる」季刊労働法206号（2004年）211頁，214頁。
14) 遠藤・前掲注1）298頁・339頁は，当時の労働省が，裁判所の権限を労働委員会の権限に優越させ，労働委員会を弱化することを目指していたと指摘する。

中労委を区別せずに「労働委員会」という言葉が用いられ，使用者の側が裁判所に異議を申し立てる旨の規定になっており，事実認定の推定的効力もある。

なお，使用者の異議の申立てについては，次の第9次案で，労働委員会または使用者が裁判所に命令の「確認」を求めることができる，という形に改められ，労委による訴訟も可能となった。

(5) 第11次案による再転換

しかし，その後，第11次案がさらに重大な変更を加えている。この草案の手続規定は27条のみであるが，元の文で全9項，手書きの追加後は全10項と，かなりの分量がある。1項で，労働委員会の「審問」が初めて規定されたことも目につくが，ここでは次の3点を指摘しておきたい。

第1は，労委の救済命令の内容について，行為の中止，復職，あるいは原状回復といった言葉が一切なくなり，「申立人の請求にかかる救済の全部若しくは一部を認容し，又は申立を棄却する命令」を発するという規定になったことである。行政救済の意義をまったく感じさせない，いかにも民事訴訟的な条文である[15]。

第2は，労働委員会が裁判所に「認可」や「確認」を求める旨の規定がなくなり，使用者と労働組合・労働者が，それぞれ取消訴訟を提起しうる，という形になったことである。

第3は，そのような司法審査において，労委の事実認定の拘束力も，新証拠の提出制限も，まったく姿を消してしまったことである。

これらの内容は，いずれも非アメリカ的なものである。この第11次案は，GHQの側から渡された英文を翻訳したものとされているが，今回，改めて原文をチェックしたところ，この27条の部分だけは，他とは異なる特徴があることを発見した[16]。GHQから来た条文をさらに日本側で検討して修正した文章が，

---

15) この規定は，成立時の27条2項（後に同条4項），現在の27条の12第1項として存続しているが，これを限定的に読むべきではなく，労働委員会は裁量にもとづき，申立人の請求するものとは異なる内容の救済を与えることも可能と解釈されている。東京大学労働法研究会『注釈労働組合法（下巻）』（有斐閣，1982年）1005頁。
16) 25条から27条4項（手書き修正後は5項）までの3頁分が，他の部分よりも行間が詰まり，修正部分を示す傍線も薄くて湾曲している。

ここに綴じ込まれたのではないかというのが、筆者の推測である。

  (6) 日米の相違と相克

　以上のように、手続規定においては実体規定より以上に、アメリカ的な行政救済の発想と、これに抵抗する日本的、司法手続的な発想との間で、せめぎ合いがあったように思われる。当初は、GHQ勧告を基礎に前者から出発したが、後者の比重が次第に高まり、第6次案で1つの頂点に達した。第8次案がこれを覆し、GHQ勧告の線に引き戻したものの、さらに第11次案で、どんでん返しのような再転換が行われた。その結果、先に述べたように、救済命令の内容、労委による裁判所への請求、事実認定の拘束力、新証拠の制限など、アメリカ的な特徴をおびた規定が、すべて消滅することとなった。

　また、第8次案によって、手続規定が実体規定から切り離され、別の章に移されたことも、見逃せないポイントである。実体規定と一体となった「行政救済のシステム」をイメージすることが、両規定の間の物理的な距離のため、難しくなっているのではないだろうか。

　もちろん、そうは言っても、労働委員会の救済命令という制度が入ったこと自体、顕著なアメリカ化であるという評価は、たしかに可能である。その意味では、アメリカの制度の日本的変容というべきかもしれない。

　ちなみに、その後の昭和27年改正は、実際の変更点は、7条4号の追加や申立期間の新設などわずかにすぎないが、その過程で昭和26年に労働省労政局から出された試案（いわゆる賀来試案）が、大胆なアメリカ化の提案として知られている。そこでは、排他的交渉代表制度や、労働組合の不当労働行為（多数組合の団交拒否）を導入し、さらに、不当労働行為については「全国労働委員会」に専属管轄を与え、裁判所は命令の事後審査のみとした上で、実質的証拠法則や新証拠の制限も定めることが提言されていた[17]。しかし、この試案はほとんど賛同を得られず失敗に終わり、昭和24年法のシステムが、今日まで存続することとなった。

---

17) 労働省編『資料労働運動史・昭和26年』（労務行政研究所、1952年）1341頁以下。

Ⅳ　若干の検討

1　法案転換の位置づけ

　以上のような立法過程から何を読み取るべきかは，なかなか困難な問題であるが，まとめと補足の意味も込めて，いくつかの点を指摘しておこう。

　第1は，法案の内容から見た，法案転換の意義である。不当労働行為に関する諸規定は，第1次案から第5次案へと至る過程で日本化された部分もあるものの，基本的に，GHQ勧告にもとづくアメリカ法的なベクトルの線上にあったといえる。これに対して，第6次案（および，ほぼ同内容の第7次案）は，実体規定，手続規定の両面で，非アメリカ的な変容を見せていた。なぜGHQがあの時点で，それまでの経緯をひっくり返すような第8次案を出してきたのかについて，昔から多くの議論がなされているが[18]，外部的な政治情勢などとは別に，不当労働行為の規定内容を見る限り，GHQは第6次案を一度ご破産にして，当初の勧告の線に引き戻そうとしたのではないか，という気がしてならない。

　もっとも，そのときに，交渉単位制が放棄されたほか，「不当労働行為」の章や，実体規定における包括規定など，消えてしまったアメリカ的特色もある。さらに，手続規定については，その後の第11次案で，先に述べたような再転換がなされたことには，注意が必要である。

2　憲法28条との関係

　第2に，補足として，憲法28条との関係に言及しておきたい。上記の分析では触れなかったが，当然ながら，日本でも憲法28条が労働三権の保障を定めている。日本国憲法は，昭和21年11月に公布，22年5月に施行されており，24年労組法においても，同条の存在が前提とされたはずである。ちなみに，憲法の制定過程を見れば，この規定は，日本側の検討ではまったく現れておらず，21

---

18) 遠藤・前掲注1) 332頁以下を参照。

シンポジウム（報告④）

年2月初旬に極秘で行われたGHQ内部の起草作業によって生み出されたものであり[19]，それ自体，アメリカ的なものということもできる。

いずれにしても，昭和24年労組法の立法時，筆者が調べた限り，憲法28条に関する議論は，労組法1条1項の目的規定との関係で出てきたにすぎない。この点について国会で若干の議論があり[20]，それを受けた立法担当者の解説書では，「憲法28条は勤労者の団結権を保障することを規定しているが，本法においては単なる保障以上に更に強力に団結権を擁護することを規定したものである」と述べている[21]。

そこでは，7条の不当労働行為だけではなく，自由な組合結成や運営における民主的手続など，労働組合法の第2章の全体が「労働者の団結権，団体交渉その他の団体行動をする権利の実質的確保を図っている」と指摘している。不当労働行為の禁止が憲法28条を基礎にしていることは疑いないが，アメリカの全国労働関係法のような，不当労働行為と「被用者の権利」との間のストレートな結びつきは，見られないのである。

3　日本的な不当労働行為制度

第3は，とにもかくにも昭和24年法によって行政救済システムが導入されたものの，日本の不当労働行為制度は，やはり様々な面でアメリカとは異なるという点である。上に見た個々の規定の動きもさることながら，より基本的な要因として，昭和20年法の下で設立された三者構成の労働委員会に，不当労働行為の救済権限が，いわば後から移植されたことにあるように思われる[22]。日本の労働委員会には争議調整の機能が併存し，当時の状況では，むしろそちらのほ

---

19) 中窪裕也「労働組合法1条1項および憲法28条の立法過程に関する若干の素描」毛塚勝利先生古稀記念『労働法理論　変革への模索』（信山社，2015年）669頁。
20) 同上，692頁。
21) 賀来才二郎『改正労働組合法の詳解』（中央労働学園，1949年）87頁。ちなみに，本書の基礎となった，労働省労政局名の「労働組合法案逐條説明」という文書（国立国会図書館「佐藤達夫文書」に所収）では，労組法1条1項の規定は「新憲法の根本精神より当然のこと」と述べるにとどまっており，「単なる保障以上に更に強力に団結権を擁護」という部分は，国会での議論を踏まえて追加されたものである。
22) 中窪・前掲注6)11頁。

うに大きな意義があった。アメリカのNLRBが，裁判所に代替する，法の判断・適用のための機関として明確に位置づけられていたのとは，状況が異なっている。

　また，不当労働行為に関して，いわゆる司法救済が当然のように認められていたことも[23]，もう1つの大きな要因である。アメリカで，裁判所はNLRBの命令に対する事後的な審査という形でしか関与しないのに対し，日本の労働委員会は，命令の前後を問わず，同じ事案について，民事訴訟における裁判所の判断が下される可能性があることを覚悟しなければならない。常に裁判所と競合する立場におかれ，その権威を脅かされているのである。

　これらのことから，労働委員会は，裁判所とは異なる機能や役割を模索し，筆者の見るところ，「労使関係的」，「紛争解決的」なアプローチに活路を見いだすことになった。不当労働行為の判断にあたっては，労使関係の文脈が重視され，私法的な権利義務関係にとらわれない，労使間の公正なルールという観点が強調される。また，労使委員の存在や争議調整手続も活用しながら，できるだけ和解によって当事者間の紛争を解決し，さらに将来の健全な労使関係を形成することに重きがおかれる。

　もちろん，このような見方には異論もあると思われるが，ここでは，1970年代に来日し，日米の不当労働行為制度の詳細な比較を行った，スタンフォード大学のウィリアム・グールド教授の言葉を紹介しておこう。同教授は，「アメリカで発達した不当労働行為という概念そのものが，日本ではより曖昧で違った意味を持っている。公的な善悪の判断というよりも，当事者間の問題に対して第三者が援助を行うことにより，調和と共存をはかるもののように見える」（翻訳は筆者）と述べている[24]。

　また，わが国を代表する教科書である菅野和夫教授の『労働法』[25]では，労働

---

23) 遠藤・前掲注1）320頁は，行政救済システムの下では民事訴訟の許容は決して当然ではなかったと指摘し，昭和24年労組法27条9項が「この条の規定は，労働組合又は労働者が……訴を提起することを妨げるものではない」と定めたことを重視している（この規定は，昭和37年改正で削除された）。

24) William B. Gould, *Japan's Reshaping of American Labor Law* (MIT Press, 1977) p. 43.
25) 菅野・前掲注10)。

委員会における不当労働行為の救済手続が，第5版（1999年）までは，不当労働行為の実体規定に続けて説明されていた。これに対して，第6版（2003年）以降は，実体規定から切り離され，「労使紛争の解決手続」という別の編の中で，都道府県労働局や労委の調整手続，労働審判，通常民事訴訟，保全訴訟などと並ぶ形で取り扱われている[26]。最初にこれを見たとき，いささかショックを受けたのを覚えているが，ほとんどの労働委員会が個別紛争のあっせんまで行っている現在の日本の制度実態を，正しく反映したものといえるのかもしれない。

V おわりに

以上，不当労働行為について，アメリカ化の圧力とこれに対する反作用の中から，今日の制度が形成される過程を検討した。これをどう評価すべきか，見解は分かれるところであろう。そもそもアメリカ法のモデル自体が適切なのか，あるいは適切だったのかは問題であり，少なくとも今日のアメリカの状況を見れば，その訴求力は大きく減退している[27]。

また，アメリカはともかく，日本における制度をどう考えるかは，もう1つ別の問題である。労使関係的，紛争解決的な不当労働行為制度は日本に似合った適切なものだという評価も可能であろうし，逆に，日本では行政救済そのものがミスマッチであり，直罰主義のほうが好ましかったという意見もありえよう。さらに，民事的な側面においても，憲法28条は直接に私人間効力を有するとされていることから，裁判所こそが「勤労者の権利」の実現を担うべき機関であると考えるべきなのかもしれない[28]。

ただ，アメリカ労働法を研究してきた筆者の目から見れば，日本の不当労働

---

26) 不当労働行為の司法救済は，実体規定に続く箇所に残っている。
27) 中窪裕也「アメリカ労使関係法の黄昏」手塚和彰先生退官記念論集『変貌する労働と社会システム』（信山社，2008年）407頁を参照。
28) もちろん，裁判所がその役割を十全に果たしているか，あるいは，そもそも果たしうるかは，大きな問題である。

行為制度の姿は，憲法28条と，労組法7条と，27条（以下）が，冬の夜空の大三角形のように，それぞれ切り離され，別々の星座の中で光り輝いているように見える。これらは本来，一緒に束ねられ，緊密に連携すべきものではないのか，という思いを禁じ得ない。

　従来，不当労働行為救済手続の改善の必要性については，多くの議論がなされてきた。ここでは，むしろ実体規定のレベルで，何らかの検討がなされてもよいのではないか，という問題提起をしておきたい。たとえば，憲法28条と労組法7条を，もっと明確に連携させることは考えられないだろうか。そのための方策として，7条5号に，受け皿となるような包括規定を新設することが考えられよう。

　これに対しては，むしろ憲法28条とは少し違った角度から，「公正な労使関係秩序」という理念にもとづいた包括規定を考えるべきだという意見もありえよう[29]。また，それにふさわしい救済手続は何かという形で，救済規定のあり方の議論にもつながって行く可能性もある。

　事の重大性を考えれば，改革が簡単に実現するとは思われないが，本稿が，そのような議論のきっかけや材料になれば，たいへん幸いである。

（なかくぼ　ひろや）

---

29)　筆者自身，過去に，そのような方向のアイデアを述べたことがある。中窪裕也「不当労働行為の救済と労働委員会——アメリカと日本」月刊労委労協660号（2011年）2頁。

昭和20年・24年労組法における労働委員会制度の生成
―― その生成経緯から見た現代的課題 ――

野　田　　　進

(九州大学)

I　はじめに――研究の意義と課題

　労働委員会制度は，昭和20年労組法により発足して，来年（平成27年）には創立70周年を迎えるロングランを続けている。そして今日，労働委員会制度が抱える課題が，「活性化」というキーワードで表現されているのは，周知のところである。

　平成21年11月に開催された第64回全国労働委員会連絡協議会総会の運営委員会において，同委員会の下に「労働委員会活性化のための検討委員会」を設置し，「労働委員会がその機能を発揮し，使命を十分に果たすための具体的方策とともに，社会的にその存在意義を高めるための機能の拡充等」について検討することが決定された。その成果として，平成22年から24年にかけて，3次にわたる報告書が提出された[1]。その第1次報告書は，労働委員会の「活性化」という課題が生じた要因として，5つの点，すなわち①労働委員会の認知度低下，紛争処理件数の減少，②委員・事務局の「資質の維持」，③不当労働行為事件の「迅速化・的確化」，④労働委員会における個別労働紛争についての取扱い，⑤公務員制度改革や地域主権改革への取組を掲げている。

　しかし，私が疑問に思うのは，このように労働委員会の「活性化」を語るとき，そこにいう労働委員会の組織や役割について共通の認識が確立しているかという点である。というのは，例えば，労働委員会を，紛争解決の申立があれ

---

[1]　各報告書については，厚生労働省や中労委のホームページで閲覧可能である。

ば受理するだけの受動的なADR機関と位置づけるとするならば，労働委員会が活性化するには労働紛争が増えればよい道理であり，労働委員会の側がみずから活性化を提唱することもないであろう。また，思うに，労働委員会が労使紛争の解決機関にすぎないならば，全国に約800人規模の委員数と相当数の事務局員を擁するこの制度は，長大すぎる組織であり，もっと効率的な組織構成があり得るであろう。むしろ，我々は労働委員会に対して，単なる紛争解決機関以上の「何か」を期待し，それこそを活性化すべきだと考えているのではないだろうか。そして，「活性化」の議論のためには，この「何か」についての本質問題を避けて通ることはできないはずなのである。

これを確認し，労働委員会制度のさらなる改革・発展に結びつけるには，昭和20年・24年労組法において，労働委員会がどのような論議により，いかなる理念のもとで発足したかを，改めて探求することが必要と考えられる。本稿は，かかる課題意識によるものであり，労働委員会制度をめぐる立法過程の史料研究を通じて，特に「公労使三者構成」と「中労委と地労委の二元制度」に焦点を当てることで，労働委員会の現代的課題を浮き彫りにしたい。

II 昭和20年労組法による労働委員会制度

1 旧労働委員会制度の確立

(1) 末弘試案における当初構想

昭和20年10月1日，時の東久邇内閣の閣議了解に基づき，労務法制審議委員会が労組法制定に向けて設置され，その本格審議は，同年10月31日の第2回総会で始まる。そこでは，末弘厳太郎委員の「労働組合立法に関する意見書」が，議論のたたき台として提出された。そして，この末弘意見書では，「第4　賃金委員会」の項目で，イギリスの「トレード・ボード」をモデルにした，府県を単位とした産業別の賃金委員会を設置することが提案された。すなわち，こ

---

2) 道幸教授は，「『消防署の活性化』といえば，火事を起こすことではなく，起こった火事を効果的に消すことを目的とする」，との喩えをいわれる。道幸哲也『労働委員会の役割と不当労働行為法理—組合活動を支える仕組みと法』（日本評論社，2014年）128頁。

こでは労働争議の調整機関というよりは，当時の経済情勢の中で，未組織労働者の賃金等労働条件を，三者構成の混合委員会で設定することが第一義的な課題と位置づけられていた。ところが，これに対して同日の意見交換の中で，鮎沢巖委員（元 ILO 東京支社勤務，後に中労委第三者委員・事務局長）から，米国の全国産業復興法に基づく「ナショナル・レーバー・ボード」（全国労働局）が紹介され，これについても論議が行われることになった。[4]

このように，イギリスのトレード・ボード構想とアメリカの全国労働局の構想とが，2案並立の形で提案されたが，当時の回想によれば，「委員会の方がトレード・ボードの方で押し通していっているところへ，アメリカのアイディアがくっついてしまった」とされる。そして，「表向きは，たいした議論にならなかったが，その議論の過程で，労働条件の改善に加えて労働争議の調整も加わり，その他の業務が加えられるようになって，「労働組合の問題ではないからといって［という理由で］，一番初めの最低賃金の決定［の方］が削られてしまって，そして労働委員会ができた」とされている。[5]

(2) 広い所掌事項

このように，20年労組法における旧労働委員会が，「賃金委員会」の構想から出発したという点は，その性格を知る上で示唆的である。すなわち，20年労組法で労働委員会の所掌業務を定めるのは同法27条であるが，同条および関連

---

3) 労働省編『労働行政史―戦後の労働行政』（労働法令協会，1969年）202頁以下に採録されている。同意見書では，まず「基本方針」において，「今後と雖も未組織のままに残るべき労働部門の為に，オーストラリア，イギリス等の例に倣って賃金委員会制 Wage Board, Trade Board を設けこれをして労働組合に代わる機能を営ましめるを適当とす」と述べ，さらに「第4　賃金委員会」の項目で，「未組織労働者を主とする産業につき，府県を単位として産業別に企業者側，労働者側の代表を加えた混合委員会を作り，之をして当該産業に属する労働者の賃金その他の労働条件を査定せしめ，その公正化を図ること」と述べて，「イギリスの制度を研究したる上，わが国の実情に即して考案すること」とある。この点につき，さらに渡辺章「第一章　昭和20年労働組合法」JILPT『労働組合法立法史料（解題篇）』（2014年）18頁を参照。
4) 労働省編『資料労働運動史（昭和20-21年）』（労務行政研究所，1951年）714頁以下。なお，この経緯につき，外尾健一「わが国における不当労働行為制度の歴史的沿革」外尾健一編『不当労働行為の法理』（有斐閣，1985年）1頁も参照。
5) 中央労働委員会事務局編『労委十年の歩みを語る』（1956年）22頁［山中篤太郎発言］。

規定をまとめると，その所掌事務は，①労働組合の定義（20年労組法5条）に該当しない旨の決議（6条），②組合規約変更命令（8条），③労働組合の解散命令の申立（15条），④地域的一般的拘束力の決議（24条），⑤労働争議に関する統計，労働事情の調査（27条1項1号），⑥団体交渉の斡旋，争議行為の予防（同2号），⑦労働争議の調停および仲裁（同3号），⑧労働条件の改善に関する関係官庁への建議（同2項），⑨不適切な労働条件その他の待遇に関する実情調査およびその改善案の行政官庁への建議（32条），⑩不利益取扱いの処罰請求（33条），⑪旧労調法8条に基づく公益事業としての指定の決議（中労委のみ），⑫旧労調法42条所定の処罰請求，となる。

このように，旧労働委員会の所掌業務は広い範囲に及んでおり，特に，⑧不適切な労働条件その他の待遇に関する実情調査や建議や，⑨労働条件の改善に関する関係官庁への建議[6]が注目される[7]。すなわち，昭和20年労働委員会は個別労働条件の設定に関する役割を担っており，上述の「賃金審議会」の発想が残されたものといえよう。さらには④地域的一般的拘束力に関する決議という労働委員会の事務も，末弘委員の構想の中では同じ文脈で読み取ることができるのである[8]。

他方で，これらの所掌業務は，制定当時の法制では，民間企業に限らず公共部門も適用対象とされていた。その結果として，昭和23年7月31日の「政令201号」の発令までの期間，労働委員会は，「人事院・人事委員会・公平委員会，公労委・地調委の行っている役割」をも行っていたことになる。その意味で，20年労組法では，「労働行政の主要部分を労働委員会に任せようとする考え方であった」し，さらにいえば，「労働委員会による労使関係の一元的な秩序形

---

[6] 20年労組法32条によれば，行政官庁は必要と認めるときは，関係使用者に対して労働条件等の「規準を指示」することができ，その規準は「労働協約と同一の効力を有す」とされていた。ここでも，末弘意見書における「賃金委員会」の構想が色濃く反映されている。

[7] ただし，後に昭和22年4月7日の労基法制定にともない，21年労組法32条はその役割を労働基準監督行政に移管する趣旨で，削除されることになる。

[8] 20年労組法における地域的一般的拘束力の立法経緯については，古川景一＝川口美貴『労働協約と地域的拡張──UIゼンセン同盟の実践と理論的考察』（信山社，2011年）33頁以下を参照。

成」を図ろうとするものであった。

次に，中労委と地労委との関係および委員の三者構成の位置づけについては，後に本稿Ⅳおよび Ⅴでさらに詳細に検討するところであるが，ここでは20年労組法の特色として確認しておきたい。

(3) 中労委と地労委の関係

20年労組法においては，地労委と中労委との関係は複合的なものであった。すなわち，設置区分としては，中労委は労働省，地労委は都道府県に設置されるという区分がなされ（20年労組法施行令35条），事務区分として，中労委は「2以上の都道府県に係る事務」を，地労委は「当該都道府県に係る事務」を所掌するとされていた（同36条1文）。他方で，中労委は地労委に対して，事務処理の基本方針や法令の解釈について「一般的指示」をなすことができ，また処理しつつある事務について期限を指定して報告を求め，法令の適用その他の事務の処理に関して示唆・助言をなすことができるとも定めていた（同条3文）。また，中労委は地労委の処理している団交斡旋や労働争議の調整の事務について，決議に基づき中労委に移管することを求めることができるとされていた（同条4文）。

さらに注目すべきなのは，同施行令46条の規定である。同条は，「法33条第2項の請求は当該違反行為ありたる地を管轄する地方労働委員会の決議に依り其の会長書面を以て之を行ふ」と定める。すなわち，20年労組法では，不利益取扱いについては，行政救済ではなく直罰主義が採用されていたところ，その処罰請求は地労委のみの業務であって，中労委はこれをなしえなかったのである。したがって，不利益取扱いの処罰請求においては，むしろ地労委が独占し

---

9) この点を強調する論考として，大和哲夫「沿革的にみた労働委員会の思想」学会誌労働法28号（1966年）42頁，同「労働委員会制度」外尾健一編『不当労働行為の法理』（有斐閣，1985年）40頁を参照。
10) このように，労使関係行政に広範な権限を持つ労働委員会は，厚生省における一種の政府機関として行政の体制内に位置する一方，三者構成の合議体して政府から独立した立場で紛争解決する役割を担った。こうした中労委の組織的性格の曖昧さが，その後の機能不全の背景にあった。この点については，伊藤正次『日本型行政委員会制度の形成』（東京大学出版会，2003年）89頁を参照。

ており，中労委は埒外におかれていた。

以上からみると，中労委と地労委とは，取り扱う事務によって，①同一事務を扱うが土地管轄が異なる場合，②地労委のみが専属管轄を有する場合，③中労委が地労委に示唆・助言を与える場合に分かれ，要するに極めて多様で不明確な関係であった。

(4) 第三者委員と労使委員

次に，20年労組法においては，労働者委員は第三者委員と労使委員の三者構成ではあるが（同26条），この3者の間に，権限の差異は基本的に設けられていないのが特色である。

すなわち，中労委では「委員は21人以内」，地労委では「委員は15人以内」という規定であって（同施行令37条・37条の2），3者は総数で定められて同数である必要はないのであり，つまりは，法は3者の役割や権限の相違について関心を払っていないことがわかる。実際，所掌事務の遂行において，第三者委員と労使委員との間には，特段の差異が設けられていない。ただ，3者の各側委員の1名以上が出席しなければ決議をすることができないから（同41条），その意味で労使委員の存在はゼロとすることができない点で制度上のわずかな縛りがあるだけである。また，会長は第三者委員から選挙され，労働委員会を代表するとされているから（21年労組法40条），その点においてのみ，第三者委員の相対的優位性が認められている。

2 旧労働委員会制度に向けられた批判

(1) 旧労働委員会の状況

労組法は昭和21年3月1日施行され，同日に，中労委は第1回会議を開催した（会長・三宅正太郎）。この第1回総会のときから，委員の政党代表などについて発案があり，「大いにもめた」といわれる。[12] その活動は，昭和21年初期に

---

11) 旧労調法42条に基づく処罰請求においても，地方労働委員会の決議により会長が検事に対して行うものとされていた（旧労調法施行令11条）。

12) 20年労組法のもとでは，総会は公開で開催されていた。「公益上必要ありと認むるとき又は関係者の請求があるときは」公開とすることができる（28条）と定められていたからである。なお，24年労組法21条1項は「公益上必要があると認めたとき」に限られている。

はまだ低調であったが、年末近くの著名な電産争議斡旋（昭和21・11・30中労委斡旋により解決）の頃から活発になり、昭和22年には、頻発したいくつもの大争議において、労働委員会の争議調整機能が発揮されている。

しかし、昭和22年に至ると、同年1月31日の「二・一スト中止命令」を重要な契機として、労働運動そのものの党派性がさらに強くなり、労働委員会の内部においても労使対立が先鋭化する状況がこれにより、労働組合法が当初予定した、「労使双方のフェアプレーの精神とこの裁定者としての労働委員会の真にふさわしい運営が必ずしも確保し得なくな」った。特に、労働者委員に「利害関係人的色彩を強くしつつある」傾向が生じたことから、労働委員会の準司法的機能における労使委員の関与に、その権限を減殺するための法的措置を講じる必要があると考えられるに至った[13]。また、労働行政においても、「民主的労働関係の助長」が、重要な課題ととらえられた[14]。

地方労働委員会の行っていた、不利益取扱い防止機能も、評価は分かれようが限界が指摘されるようになり、20年労組法の下で、全国の地労委による処理件数は、受理件数1017件であったが、そのうち処罰請求がなされたものが69件、うち起訴されたもの37件、有罪判決16件にとどまった[15]。

(2) GHQ勧告およびその背景

(a) 背景事情　昭和23年に至って、労働委員会の活動のそうした状況を批判し、抜本的な改革を試みる政策が打ち出される。

---

13)　賀来才二郎『改正労働組合法の詳解』（中央労働学園、1949年）19頁は、その一例として、不当労働行為等の準司法的機能について、「利害関係人的色彩を強くしつつある労使委員の関与について法的措置をする必要が生まれて来たのである」とする。

14)　行政サイドで、この危機意識を端的に表現したのが、昭和23・12・22発労32号（都道府県知事宛労働事務次官通牒）「民主労働組合及び民主的労働関係の助長について」であろう。労働組合及び労使関係の民主化のために、行政が組合規約や労働協約の内容にまで詳細な「指針」を与える歴史的文書である。全文は、前掲注3）『労働行政史―戦後の労働行政』450頁に掲載。

　なお、第1回全労委総会は、昭和22年9月8日から3日間開催され、労働委員会の運営や活動等を議題として開催された。総会は、この議事を通じて「労働関係法令に関する改正その他措置について」と題する建議を決議しており、激しい議論の攻防をうかがわせる（前掲注4）『資料労働運動史昭和22年版』907頁）。

法的側面では，先に述べた政令201号（昭和23年7月31日）による，官公労に対する争議行為の制限であり，労働委員会に関しては，紛争調整の禁止（1条3項「現に繫属中の国又は地方公共団体を関係当事者とするすべての斡旋，調停又は仲裁に関する手続は，中止される」）の影響が大きかった。日本の労働運動の重要な拠点は，官公労であっただけに，この命令は，中労委の守備範囲の大きな制約となった。

　経済面では，賃金の間接統制をねらいとした昭和23年11月29日のGHQ賃金三原則が，労働委員会の運営に直接に影響をもたらすものであった。特に，このうちの第2原則（物価水準に影響を与えるような賃上げの裁定をしないこと）は，労働委員会の賃金裁定の幅に制約をもたらすものであった。

　(b)　GHQ勧告　　これら背景事情の延長上にあって，GHQの労働政策をさらに駆動したのが，昭和23年11月24日以降3次にわたって行われた，労組法・労調法の改正にかかるGHQ勧告であった[16]。この勧告こそが，労組法改正を突き動かす直接の引き金になったのであり，労働委員会の制度についても，20年労組法に対して強度に批判的であり，かつ改革に向けて強圧的でもあった。

　まず，第1次勧告は，20年労組法下での地方労働委員会での運営を，「労使の不和の故に或は政治的イデオロギーの相違の故に分裂が起こっている」と強く批判する。その上で，これを改善するために，中央労働委員会が地方労働委員会に対して「最高の権限」を持ち，「地労委を拘束する解釈原則を発布すると共に継続的監督を行う」こと，ならびに，不利益取扱いの罰則請求（33条）

15）　中労委事務局調。前掲注5）「労委十年の歩みを語る」320頁。不利益取扱いの処罰件数が限定的だったのは，①抗争の原因の中心が賃金問題であったので，会社側が労働委員会で解決するのを好まず，当事者間で処理しようとしたこと，②二・一スト以後，労働組合と同様に労働委員会の方も内部的に割れて，地労委の権威が失われたことなどが挙げられている（「労働委員会に関する懇談会」中央労働時報27号（1947年）3頁）。この点につき，清水一行「わが国における不当労働行為制度の成立過程の研究」山口経済学雑誌15巻6号（1966年）50頁も参照。

16）　GHQによる20年労組法批判は，すでに昭和21年7月29日付け文書「GHQ労働諮問委員会最終報告─日本における労働政策とプログラム」の段階で，明確に打ち出されていたと言われる。この批判およびこれが昭和23年にまで持ち越された経緯については，竹前栄治『戦後労働改革』（東京大学出版会，1982年）252頁以下を参照。

等についての審査は,「中労委の中立委員によってのみ取り扱はれる」ことを勧告している。

次に,第2次勧告では,労働委員会の三者構成について,「労使間の溝のため又は政治的イデオロギーの相違の為の分裂」のために,議事日程が分裂していることを指摘し,「中労委の中立又は公衆代表の委員」のみが不利益取扱いについて準司法的決定の審理をなし,労調法上の強制調停や仲裁をなすべきことを勧告している。

さらに,第3次勧告においては,労働法改正に関する「主要な勧告」が列挙され,そのうち,労働委員会制度に向けられたのは,次の4点である。第1に,「不公正労働行為」について,労働委員会の準司法的機能としての行政救済によるべきこと,第2に,そのために中労委の権限を強化し,特にその中立委員による判定的機能を付与する一方,公労使三者による機能は労働紛争の調整にとどめるべきこと,第3に,不公正労働行為についての判定について,中労委を地労委よりも優越的な地位に置き,中労委に再審査権限を付与すべきこと,第4に,中労委は,地労委に対して,審査機能の上で統制的な位置にあり,先例拘束性をもつ上訴審としての位置づけを与えるべきこと,である。

Ⅲ 昭和24年労組法における労働委員会制度の確立
――制度再構築に向けて法案の変遷

こうして,GHQの指示に基づき,労働省内部に昭和23年12月13日付けで設置されたのが,「労組法及び労調法改正準備委員会」[17]であった。同委員会は,ただちに改正条文の作成に着手し,その内部で幾度もの修正を経て,24年労組法の国会提出案に至る。以下では,労働委員会制度についての立案の経緯を追うことにするが,事案ごとの詳細な修正経緯は,別に史料の解題として示した[18]ので,本報告では,同史料掲載の表に基づきその展開を4段階に分けて,各段

---

17) 「労組法及び労調法改正準備委員会」のメンバーについては,竹前・前掲注16)291頁に掲載されている。
18) 野田進「Ⅶ 労働委員会解題」前掲注3)『労働組合法立法史料(解題篇)』222頁を参照。

階での概要（所掌事務，中労委の構成，地労委の構成，特色）を示す。

1　第1次案：NLRBタイプ
(1)　所掌事務

　労働委員会の所掌事務は，一見して明らかなように，20年労組法の労働委員会と比べると大幅に範囲が狭くなっており，労働条件に関する業務や協約の効力拡張の業務が消滅している。そして，その主要事務は団体交渉秩序や紛争解決業務に特化されている。

　(a)不当労働行為の救済手続について，地労委による初審と中労委による再審査という再審査制度がここで導入される。

　(b)交渉単位制にかかる事務　第1次案で「交渉単位制」が導入されたことから，労働委員会でもこれに関する審査および再審査業務が加えられている。

(2)　中労委の構成

　(a)三者構成が廃止されている点が注目される。すなわち，労使の委員が廃止されており，「委員」5名のみで上記事務を行う。

　(b)委員会の名称は，中央労働委員会ではなく，「全国労働委員会」に変更される。また，全国労働委員会の長は，20年労組法の「会長」とは異なる，「委員長」との呼称となる（40条）。

　(c)全国労働委員会の委員は衆参両議院の同意を経て，内閣が任命するという，重要な位置づけとなり，かつ，委員は「国務大臣の俸給に準ずる俸給」を支給されるとされた。

(3)　地労委の構成

　地労委についても，同様の変革が試みられる。

　(a)全国労働委員会と同様に，三者構成が廃止される。

　(b)地労委を国の機関として位置づけている。すなわち，地労委の委員は，全国労働委員会の同意を受けて，労働大臣が任命ものとされている。

(4)　特　　色

　以上のとおり，第1次案の定める労働委員会において，昭和20年労組法との差異は一目瞭然である。そして，第1次案は，全国労働委員会の名称，委員の

シンポジウム（報告⑤）

構成などからして，これを米国の全国労働委員会制度のボードを念頭に置いて改革しようとするものであり，労働委員会を強力かつ効率的な紛争解決機関として集約するアイディアであった。これらを要するに，NLRBタイプの労働委員会といえたであろう。

2 第2次案～第6次案：第1次案的色彩の緩和と制度の詳細化
(1) 所掌事務と全体構成
(a)労働委員会における三者構成は第2次案で直ちに復活し，同案以後では三者構成はいずれの案でも維持されて強固な原則となる。
(b)交渉単位，および交渉組合の選任等に関する手続業務が増加し，複雑化する。それは第5次案・6次案で最高潮に達し，一例として，交渉組合であることの証明書交付の事務までも加わるようになる（6次案49条）。
(c)5次案からは労働組合の資格審査業務に関する規定が加わるようになる（5次案7条4項）。
(d)同じく5次案では不当労働行為の命令の裁判所に対する認可請求の(attestation)事務が加わっている（5次案19条）。
(e)4次案修正案から，船労委に関する規定が設けられている（4次案修正案55条の2）。

(2) 中労委
(a)委員の選任については，第2次案以降，「中立委員」と労使委員とで区別され，中立委員は両議院の同意を得て，内閣が任命。労使の委員は，それぞれ使用者団体および労働組合の推薦により，労働大臣が委嘱するものとされた。その後，第5次案で，中立委員は労使の委員の同意を得て労働大臣が任命されるという方式が確立した。
(b)第6次案では，常勤委員・非常勤委員の区別が設けられ，報酬の取扱いが異なるものとされた。
(c)第2次案では，中立委員の報酬は国務大臣に準ずるとし，労使の委員は「一般職の最高位の俸給」とされたが，第6次案では単に「法律で定める給与」となった。

(3) 地労委

　第2次案でも，委員は「中央労働委員会の同意を経て，都道府県知事が任命」という形で中労委の縛りが強かったが，第3次案から中労委の関与がなくなり，都道府県の枠内で任命がなされるようになり，かつ5次案で，使用者委員は使用者団体の推薦，労働者委員は労働組合の推薦に基いて，中立委員は使用者委員及び労働者委員の同意を経て知事が任命するという形が確立した。

(4) 特　色

　(a) 2次案以降は，1次案のNLRBタイプの労働委員会制度がモデレートされ，日本的な制度設計が盛り返していく過程である。

　(b) それでも，労働委員会の職掌として，この時期の変遷経緯の中心は，やはり交渉単位制の導入に伴う所掌事務のあり方である。

　(c) 5次案は，そのような動きの中で公聴会提出案として提出され，国民的理解を求めたものと解されるが，同案に対しては，労働組合側だけでなく経営側からも，強い抵抗を受ける。特に，労働委員会の準司法機能についての，労使委員の参与制度は，労使双方から批判されている。[19]

3　第8次案：法案転換[20]

(1) 所掌事務

　第8次案は，GHQが6次案までの法案の形成をほぼ白紙に戻し，20年労組法のラインからの直接の改正案を示したものである。

　すなわち，(a) 交渉単位・交渉組合制の業務は除かれ，労委命令の認可請求の手続も廃止される。

---

19)　前掲注4)『資料労働運動史昭和24年版』934頁。前掲注3)『労働行政史──戦後の労働行政』463頁。

20)　法案転換がなぜ実施されたかは，少なくとも日本政府サイドからは，不明であるようだ。占領軍サイドからの労働委員会に関わる説明として，遠藤公嗣『日本占領と労資関係政策の成立』（東京大学出版会，1989年）322頁は，マッカーサー書簡に代表されるようなアメリカ合衆国の占領政策に対する国際的な批判が高まりつつあった経緯を強調し，このことから，アメリカ的特色である交渉単位制や労委命令に対する裁判所の関与（認可請求）を廃止または後退させたことを挙げている。

(b)20年労組法が復活したことから，不適切な労働条件に関する建議（24条），および地域的一般的拘束力の決議（17条）の事務が復活している。

(c)しかし，20年労組法と異なり，資格審査と不当労働行為の判定は公益委員のみとされ（25条），また，三者構成についての20年労働委員会の特色は復活していない。

また，第4に，20年労組法と異なり，資格審査（5条）と不当労働行為（7条）に関する決定について，地労委の初審と中労委の再審査のシステムが維持されている（26条第2文）。

(2) 中労委

(a)「委員は［3者合計で］21人以内」という20年労組法の委員構成が復活している。

(b)しかし，公益委員の選任方式すなわち労使の各代表者の同意を要する旨の方式は，6次案が維持されたものである。なお，この8次案で，「公益を代表する委員」という表現が，初めて用いられている（25条）。

(3) 地労委

(a)地労委についても，20年労組法の「3者合計で15人以内」を復活しているが，中労委と同様に，選任方式は6次案を維持している。

(b)また，20年労組と異なり，再審査制度等による地労委の中労委に対する劣位の地位は，6次案を維持している。

(4) 特色

以上を要するに，8次案による労働委員会案は，20年労組法を復旧しつつも，これにGHQ勧告の趣旨を取り込んだ制度案ということができ，その意味でミックス案というべきであり，異質なものの混在の印象を免れない。

4 第9次案～国会提出案

(1) 所掌事務

(a)第9次案で，資格審査業務（5条1項）が復活した（24条）。

(b)第11次案で，法人登記業務（11条）が追加された（24条）。

(2) 中労委

(a)第9次案（19条）で，委員数が各側7人とされ，これが成案となった。

(b)第8次案で用いられた公益委員の名称（「公益を代表する者」）は，9次案（19条）で正式に確認され，定着するに至った。

(c)選任方法等は，6次案の定めが復活して，成案となった。

(d)第9次案まで常勤（「もっぱら委員会の事務に従事する委員」）とそれ以外の委員の区別があったが（19条），11次案でこの区別は廃止された。

(3) 地労委

委員数は，9次案で各側5人とされ（19条），これが成案となった。

(4) 特　色

(a)第9次案以降の過程は，第8次案による法案転換に対する労働省側の抵抗（反転攻勢）の経過であるとみることができ，この修正過程の延長上で国会提出案が確立した。

(b)第8次案を修正した第9次案・第11次案では，6次案の内容がかなり復活している。また，交渉単位・交渉代表制の案が消滅したことから，これについての事務もまた消滅した。その結果，所掌事務の範囲はますます狭まり，紛争解決事務が中心となった。

(c)委員の任期は1年のまま成案となっており，これが2年になるのは後の昭和41年改正による。

5　24年労働委員会制度の特色（20年労組法との比較）

24年労組法の以上の立法経緯を踏まえて，24年労働委員会の特色を，20年労働委員会との比較により確認しておこう。

(1) 中労委の優位性・指導性の確立

まず，中労委の地労委に対する優位性・指導性という位置づけは，第1次案から一貫しており，この点は第8次案の法案転換においてさえも変わることはなかった。それは，24年労働委員会の不動の方針として維持されたのである。

そして，中労委に目を向けると，20年労働委員会では存在していなかった，不当労働行為の再審査業務がメインの業務として位置づけられており，その主

要業務は，調整から判定に大きく拡張的変更がなされたといいうる。

(2) 新たな三者構成の確立

三者構成のうち，労使委員以外の委員の名称が転換された。すなわち，その名称は，「第三者委員」（20年労組法）⇒「委員」（第 1 次案）⇒「中立委員」（第 2 次案）⇒「公益委員」（第 8 次案）へと転換し，第 9 次案で「公益委員」に正式に改められる。

このようにニュートラルな第三者委員という名称から公益委員という名称への変化を通じて，公益委員が労使委員に対して優越的地位を獲得したとし，その新たな地位を「公益を代表するという独善性」[21]と評する見解がある。すなわち，公益代表という優越性により，労使委員が「主体の座から，お客様の座へ一歩退がったことを意味する」というのである。

(3) 所掌業務の縮小

20年労組法と比べると，労働委員会の任務は縮小し，労使紛争についての一種の紛争解決機関（ADR）として位置づけられる方向で収れんした。これについても，同じ論者は次のように評している。「翻訳的でなかった［20年］労組法で構想された，おおらかで雄大な労働委員会の考えが，わずか 3 年あまりの間に，翻訳調の改正労組法のもとで消え去ったのは，惜しいような皮肉を感ぜしめるのである。」

(4) 資格審査

最後に，組合の資格審査という「厄介な教育的業務」が加わった。20年労組法における規約改正命令・解散命令は，国家による過度の権威的介入として批判され，廃止されたものであるが，これが形を変えて一種の教育的業務に成り代わって残されたものといえよう。

---

21) 大和・前掲注 9 ）「沿革的にみた労働委員会の思想」。

Ⅳ 三者構成——労使委員の立ち位置

1 労働委員会三者構成の成り立ち

(1) 背景となる諸制度

　三者構成システムがどのような趣旨で導入されたか。記録や当事者の記憶を総合すると，次の3つの沿革を挙げることができる。

　第1に，1928年労働争議調停法（大正15年法律第57号）3条を指摘する考え方があった[22]。もっとも，正確にいうとそこにいう三者構成は性格が異なるものであり，同法における第三者委員は労資が選任するというシステムであった。すなわち，同法3条は9人の委員のうち残り3名は，「当事者の選定したる委員をして争議に直接利害関係を有せざる者に就き選定せしめ」と定めているからである[23]。

　第2に，鮎沢巌氏による，アメリカ1933年「全国産業復興法（NIRA）」の全国労働局（National Labor Board）の三者構成に基づく提案という経緯がある[24]。資料記録によれば，鮎沢氏は，労務法制審議委員会の第2回総会の審議の場で，上記のように全国労働局を紹介した上で，「茲デ思付キノヤウナ恰好デ申上ゲマスガ，」と留保しつつ，①「労働行政ハ従来警察行政デアッタ，是ハ此ノ際徹底的ニ改メテ戴キタイ」こと，②そのために，「中央ニ全国的ノ労働委員ト

---

22) 菊池勇夫教授は，この事情について次のように発言されている。「ILO の影響下にできた，大正15年の労働争議調停法に芽を出した三者構成を，さらに民主的に活かすことのできるようなそういうものが，日本の国民にはあったのではないでしょうか。」日本労働協会編『戦後の労働立法と労働運動（上）』（1960年）19頁。

23) 労働争議調停法第3条は，「調停委員会は9人の委員を以てこれを組織す。委員の中6人は労働争議の当事者をして各同数を選定せしめ他の3人は当事者の選定したる委員をして争議に直接利害関係を有せざる者に就き選定せしめ行政官庁之を嘱託す。」と定める。なお，台湾の「労働紛争調停委員会」の労使委員の選任がこの方式であり，労働立法の継綬を想起させるが，ここでは深入りしない。野田進「台湾における労使紛争解決制度と民間委託あっせん」『労働紛争解決ファイル—実践から理論へ』（労働開発研究会，2011年）第2章第3節 173頁を参照。

24) NIRA の全国労働局については，道幸哲也「アメリカにおける『不当労働行為』の形成（2）（完）」北大法学論集24巻3号（1974年）163頁。

云フモノヲ設ケテ，ソレヲ各三名位ト致シマスカ，労働組合側ノ代表者ト使用者側ノ代表者トガ大キナ権限ヲ持ッテ，労働ニ関スル争議ノ問題ハ其処ニ於テ調整スル」こと，③「各地方ニモ同様ナ組織ガアリ，又各産業組織別ニ，各工場，鉱山等ニモアルト云フ形ニスル」ことを発言している[25]。

第3に，国家が指導性を喪失した時期での，戦時中の官僚統制に対する反感をあげる見解がある。そのような反感から，せめて三者構成の方がいいという意識が強まり，その点に労働委員会が働くことができた要因があるとする[26]。敗戦直後，国家が指導性を喪失した中で，それまで単位産報を牽引した3者が一体となって，戦後復興を図ろうとする意欲が素地にあったとする。現に，労務法制審議委員会自体が，三者構成とされていたのである。

(2) 議論状況と評価

もっとも，関係者の種々の述懐によれば，三者構成という問題について，労務法制審議委員会で，さほど白熱した議論がなされたというわけではなく，これを当然とする素地が共有されていたようである[27]。また，三者構成を採用する議論の中で，鮎沢発言がどこまで決定的な重みがあったかについては，評価が分かれているようでもある[28]。結局のところ，三者構成については，次のような評価を行うしかない。

第1に，労働委員会の三者構成のシステムが，いかなる制度に範を求め，どのような理念で取り入れられたかは，不明でしかない。というのは，もし，労働争議調停やNIRAの全国労働局をモデルにしたのであれば，三者構成は調

---

25) 渡辺・前掲注3)「第一章　昭和20年労働組合法」71頁に発言が引用されている。
26) 前掲注5)『労委十年の歩みを語る』234頁［石井照久発言］。
27) 前掲注5)『労委十年の歩みを語る』23-24頁では，次のような発言がある。「当初から労働委員会は三者構成ということになっていますが，これについては誰も議論がなかったですか。自然そうなりましたな。」［桂呆氏］「ええ，自然そうなりました。」［山中篤太郎氏］
28) 日本労働協会編・前掲注22)『戦後の労働立法と労働運動(上)』17頁以下。同書では，鮎沢氏が「労働委員会を作ってくれという案は私が出したんだが，そのとき同時に三者構成というアイディアを出した」，「三者構成ということにみんなをうなずかしめるほどには，その基盤ができていなかった」と述べている。これに対して，他の委員は，「それは少し反対だな。」［桂呆氏］「三者構成を受け入れる素地が，当時の日本にはすでにあった。」［菊池勇夫氏］等と反論しており，NIRAの影響の度合いについてはやや見解のずれが見られる。

整事件にこそ用いられるべきものであった。ところが，採用された20年労働委員会では，三者構成は調整だけでなく地労委の不利益取り扱い（判定）にも用いられ，上記のようにその機能不全が問われたのであった。

　第2に，しかし，労務法制審議委員会では，三者構成を採用すべしとする共通理解が自然に素地として存在し，誰しも良いことだと考えており，これについて対立的な議論の応酬はなかったようである。

　第3に，このように三者構成がほとんど議論なく導入されたという原点は，逆に三者構成にはそれにより追求すべき確たる理念が定かではなかったことを意味する。そして，この点に，24年労働法の改正後に三者構成のあり方が動揺したこと，にもかかわらず状況変化の中で維持され続けたことの原因が隠されているように思われる。

（3）　三者構成の確立

　先に述べた三者構成の確立への動きを要約すると，①20年労組法の三者構成では，三者にほとんど優劣のない地位であり，三者は員数でも無差別で紛争解決に取り組んだ。②24年労組法の審議に至って，第1次案では三者構成が否定され「委員」のみが選任されることになるが，③第2次案以降においてすぐに回復し，しかし「中立委員」優位での三者構成が構想される。もっとも，④法案転換の8次案では，「公益委員」が相対的に優位な権限を有するが，員数では3者を無差別とする構成が復活することになり，しかし，⑤すぐに9次案では，労使と同数の「公益委員」，すなわち「公益を代表する者」という名称と地位を与えられた委員の優位による三者構成が確立する。

　このように，三者構成の制度は，二転三転して形成されたと言わなければならず，追求目的が収れんすることはなかった。このことは，その後の議論にも尾を引いたのである。[29]

---

29)　昭和26年10月10日の，「労働関係法（仮称）要綱試案（労働省労政局）」では，不当労働行為の判定を行う「全国労働関係委員会」と，労働争議の調整を行う「労働関係調整委員会」とが別組織とされ，前者では労使委員は参与委員として位置づけられて決議には参加せず，「意見を述べることができる」にとどめられていた。24年労組法成立後の三者構成制度の動きについては，野田進「労働委員会における三者構成を考える」月刊労委労協2015年3月号を参照。

2 現在に至る三者構成の発展／労使委員の役割強化

(1) 不当労働行為手続における労使委員の役割（労組法24条但書参照）

24年労組法の成立後，幾度もの法改正により，三者構成はどのような運命をたどったか。ここでは詳細な改正経緯は割愛して，現行の審査手続における，労使委員の位置づけについて概観するにとどめよう。これについては，主として現行労組法24条但書の定めるところであり，次の3つの形態がある。

　(a) 手続の参与　労使参与委員の手続参与の方式には，次のものがある。
①調査における参与（規則41条の2第5項，求めがあった場合），
②審問における参与委員の証人尋問（規則41条の15第3項），
③和解を進める手続への参与（規則45条の2第2項）。

　(b) 意見陳述　労使参与委員の意見陳述の機会として次の2つがある。
①証人等出頭命令または物件提出命令における意見陳述（労組法27条の7第4項）
②救済命令等を発しようとする場合における意見陳述（労組法27条の12第2項）

　(c) 意見の一致　平成24年の労働委員会規則の改正で，「事件の解決のための勧告（規則45条の8以下）」が導入され，この勧告を行う際には，労使参与委員への意見聴取および意見の開示が定められている。この場合に，通達によれば，同条1項の「『相当と認めるとき』とは，三者委員の意見が一致した方策を見解として提示することが事件の解決のために適当と判断される場合をいう」とされており，3者の見解の一致が勧告を実施するための条件として取り扱われていることになる。[30]

(2) なぜ労使の役割が拡大するのか

このように，近年に至り，不当労働行為の手続において，労使委員の役割が拡大強化されことの背景として，不当労働行為事件における，合同労組による実質的個別労働紛争の申立比率の高さを挙げることができる。すなわち，近年の不当労働行為事件の新規申立件数において，合同労組申立事件の占める割合

---

30) 厚労省発中1001第1号平成24・10・1「労働委員会規則の一部を改正する規則の施行について」は，本文引用に引き続き，「したがって，三者委員の意見が一致しない場合は，勧告を行うのに『相当と認めるとき』には該当せず，もとより，複数の異なる見解を示して勧告を行うことは想定されていないことに留意すること」とする。

は70％を超えており，そのうちの約40％が駆け込み訴えとされている[31]。このように，取り扱うべき紛争の多くが，実質的な意味で個別紛争化している今日では，団結権や団体行動権自体の実現・回復というよりは，当該紛争の「迅速かつ的確な」解決こそが優先される。したがって，現在の労働委員会では，不当労働行為救済制度の追求理念は，「原状回復主義」というよりは，あえていえば「紛争の早期かつ実質的な解決」をめざす「紛争解決主義」とでもいうべき状況に至っている。その点こそが，本稿の冒頭に述べた，労働委員会の活性化の重要な柱として追求されているのである。

その結果，審査事件においても，関与和解による解決こそが重視され，このために労使参与委員の役割が格段に重視されることになる。さらに，平成24年改正で導入された，「勧告」の制度はそうした動向をさらに推し進めるものであろう。

こうして，24年労組法の制定により後退した審査事件における労使委員の役割は，当時予想されなかった新しい局面で再び評価されるようになった。その意味では20年労組法における三者構成のあり方にこそ，再び注目すべきであるといえよう。

V 中労委と地労委の二元制度

1 生成経緯

中労委と地労委との，前者を優越的地位に置く2元的構造が，24年労組法の完成形である。これについても生成過程を簡単に再説しておくと，次のとおりであった。

(1) 20年労組法

20年労組法では，中労委の優位性は原則として否定され，地労委とは基本的

---

31) 全労委において，平成24年における合同労組事件の新規申立件数は251件であり，新規申立件数354件の70.9％である。このうち，駆け込み訴え事件は101件であり，新規申立件数に占める割合は28.5％，合同労組事件に占める割合は40.2％である。なお，東京，大阪では，新規申立件数に占める合同労組事件の割合は，東京74.8％，大阪78.3％であり，さらに高い割合となる。中央労働委員会「平成24年年報概要」20頁以下。

に管轄の相違があるにすぎなかった。すなわち，中労委は労働争議の調整しか行わず，地労委は調整に加えて不利益取扱いの処罰請求の判定という事物管轄があった。また，調整事件に限っていえば，土地管轄の違いにすぎなかった。

(2) 24年労組法

24年労組法では，中労委優位が確立していくことになるが，①第1次案では，地労委の委員の人選を「全労委」の管理下に置くという形で優位性が徹底された。しかし，②第2次案以降，次案を重ねるごとに，優位性がやや緩和されて地労委の地方事務化が進展するとともに，審査事件では優劣，調整事件では同等という，複合的な制度設計がなされた。そして，③8次案の法案転換およびそれ以後も，そうした優劣関係は堅持された。

2 二元制度の役割転換

この関係は，その後の制度運営の中でも，変わることなく維持されてきた。すなわち，審級省略論などによる中労委の役割を相対化しようとする議論は何度も浮上したが，実現することはなかった。また，平成16年に地労委が都道府県労委と名称変更して自治事務化が強化された際にも，見直しはなされることはなかった。

こうした制度枠組みの固定化に反して，中労委と都道府県労委の取扱い事件の変貌は著しいものがある。すなわち，審査（不当労働行為）事件をみると，中労委の取扱い事件は審査（再審）事件がほとんどとなった。これに対して，都道府県労委のうち，大都市圏を含む都道府県を除く多数の地方の県労委では，ゼロワン県と言われるように，審査事件の受理件数はわずかである。

一方，調整事件についてみると，中労委はこれをほとんど受理しておらず[32]，都道府県労委がこれを受け持っている。さらに，個別労働関係紛争のあっせんに至っては，中労委はまったく行わず，道府県労委のみが担当している。

こうして振り返ってみれば（Ⅱ1(3)を参照），労働委員会の現実の所掌事務は，70年近くの歳月を経て，先に見た20年労組法による労働委員会の所掌事務とは，

---

[32] 中労委の労働争議調整事件の新規係属件数は，平成23年には7件，平成24年には1件であった。前掲注31)「平成24年年報概要」139頁。

真反対に入れ替わってしまったのである。しかし，このような真逆の状況が生じたのであるが，それは，70年後の新しい時代状況の中で，中労委と都道府県労委との新たな関係と役割分担とが形成されつつあることの徴憑と見ることもできよう。

VI　むすび

　24年労組法は，当時の労使関係の状況の中で，GHQの指導の下，労資の力の均衡を回復するための役割を担って制定され，実際にその役割を実現したとみることができる。そして，同法で描かれた労働委員会制度の改革もまた，労働委員会の政治党派的対立を弱めるとともに，中労委の優越的地位を基盤とする安定的な紛争解決機関に制度の建て直しを図ることにあった。
　ということは，そこに込められた労働委員会の制度のあり方は，昭和24年当時の社会的必要性から導かれたものであり，決して普遍的なものでなかったはずである。すなわち，20年法の労働委員会から24年法の労働委員会への変遷をみると，労働委員会の所掌事務・組織構成は相対的なものであり，そこに任務を委ねる社会状況の変化によって多様に変動しうるものであることがわかる。
　そして，20年労組法に見るような，柔軟で幅広い労働委員会の役割は，むしろ現在において，労働委員会制度のあり方を示唆する。特にそれが，個別的労働条件まで関与する幅広の事務を所掌していたことは，現在の「活性化」の課題に符合するのではないか。
　現在，労働委員会にどのような位置と役割が求められているか。これについて，労働委員会は，労働組合法の枠内から独立して，個別労働紛争の相談やあっせん等も含むような総合的紛争解決システムとして再構築される時機が到来していると私は考えている。[33] 20年労組法から24年労組法への変遷における労働委員会制度に関する以上の経緯から考察するとき，こうした構想にはいっそうの説得力が与えられるのではないだろうか。

（のだ　すすむ）

---

33) 詳細は，野田・前掲注23）『労働紛争解決ファイル―実践から理論へ』317頁以下を参照。

労使関係論からみた昭和24年労組法改正過程
―― アメリカ・モデルと戦後直後型労使関係の相克？ ――

仁 田 道 夫
（国士舘大学）

I はじめに

　本稿においては，労使関係論の視点から，昭和24年労組法改正の立法過程について，立法史料の最新の研究を踏まえ，考察する。その際，経費援助の問題と，労働協約自動更新をめぐる論点に焦点を当てる。これは，昭和23年夏の公務員争議権剥奪（マッカーサー書簡）に始まり，昭和24年労組法改正，ドッジ・ライン，そして昭和25年レッドパージなど，一連の占領政策転換によって，戦後直後の労使関係が大きく転換したわけだが，その中で，労組法改正による経費援助の禁止と労働協約自動更新の無効化が極めて大きな影響を与えたためである。

　戦後直後の労働組合運動は，その組織においても，運動展開においても，戦前のそれとも，昭和20年代後半以後のそれとも，大きく異なった独特の存在様式をとるものであった。24年労組法改正のターゲットは，まさしく，この戦後直後型労働組合運動であり，世界の労働運動の常識・常道に反した労働組合を常識・常道に引き戻すことが法改正を推進した占領軍・労働省の目標として掲げられたのである。

　経費援助の禁止は，労働組合の運動経費，とりわけ人件費を，使用者の便宜供与にほぼ全面的に依存する状態を異常とみて，これを強力に抑圧しようとするものであった。しかし，このような法改正は，当然ながら，労働組合の活動力を大きく減退させるものであったから，労働組合は，産別，総同盟，そして産別民同のいずれを問わず大反対であった。

また，一方当事者が反対していても，他方当事者が更新を望む場合は，労働協約が自動更新される規定についても，それが労使合意に基づく労使関係上のルールという基本性格に反するものであり，合意が得られなくなった時点で，当該労働協約は無効となるべきだとする常道論が振りかざされた。だが，これは，昭和21-22年の労働攻勢期に労働組合が勝ち取った諸条項，なかんずく人事同意（もしくは協議決定）条項の経営側都合による廃棄を可能にするものであり，大量人員整理を恐れる労働組合は，大反対であった。

　しかし，占領軍の強権を背景として，上記二点は，いずれも立法化され（前者については，改正法2条および7条，後者については15条），前者は，労働組合運動の活動停滞という形で，後者は，それに引き続くドッジ・ライン下の大量人員整理という形で，労働組合が危惧した通りの劇薬として機能したのである。このような結果を重視する視点からすれば，昭和24年改正労組法は，まさしく弾圧立法であり，米国政府の強い意志によって占領軍・日本政府に押し付けられた経済九原則，ドッジ・ラインによるショック・セラピーとも呼びうる統制経済から市場経済への一挙的移行と，それにともなう大量人員整理を可能にするための政略であったと位置づけうるものであった。

　そこで，同法の立法過程を研究する際には，どちらかというと占領軍側当事者や労働省関係者が主張する前者のモメントと，労働運動側当事者が主張する後者のモメントのいずれがより本質的であったかが一つの争点としてあらわれてくることになる。あらかじめ本稿の立場を明らかにしておけば，いずれか一方だけが重要であったと考えるのではなく，両方のモメントを考慮に入れることが必要であるとするものである。そして，立法過程において両者がどのようにからまりあい，新法に結実し，結果として今日の労働組合運動・労使関係にどのような影響を与えることになったかを的確に理解することが重要であると

1）　1947年12月に東京大学社会科学研究所が実施した「戦後労働組合の実態」に関する調査によると，「集計のしめすところでは，全体として七四・三％（中略）の圧倒的多数が，定期的給与は勿論，幹部役員の出張費すら負担していない（中略）何らかを支給するもの二一・八％のうちでも，辛うじて出張費だけを負担しているというのがその過半数の十二・八％」（大河内一男編『労働組合の生成と組織』東京大学出版会，1956年，357頁）という状態であった。

シンポジウム（報告⑥）

考える。

II　戦後直後型労働組合運動・労使関係の性格

　ここで昭和24年法改正推進当局が対象として眼前にしていた戦後直後型労働組合運動・労使関係についての理解を深めておきたい。このテーマについて，参与観察と労働協約研究に基づいて鋭い考察を行った同時代の先行研究として，藤田若雄『協約闘争の理論』（労働法律旬報社刊，1954年。のち1957年に増補版）がある。戦後直後の労働組合に関する実証研究としては，東京大学社会科学研究所編『戦後労働組合の実態』（日本評論社，1950年。のち，1956年に大河内一男編『労働組合の生成と組織』として，集計表を除く本体部分が東京大学出版会から復刻・刊行された）がよく知られている。単位組合に対するアンケート調査に基づいて戦後直後期における労働組合の実態を初めて明らかにした研究であり，「企業別組合」概念の確立をもたらしたことでも知られている。だが，同書では，単位組合の組織やその運営実態については，多くの情報に基づき，深い考察が行われているが，団体交渉，経営協議会，労働協約，争議行為など，単位組合の機能面の考察は乏しい。これは，執筆分担者の問題である可能性もあるが（氏原正治郎担当部分とそれ以外の部分で分析精度に大きな落差がある），調査票をみても，これら機能面の設問は比較的少なく，研究の重点とされていなかったように見える。今日の統計でいえば，労使コミュニケーション調査などに該当する項目であるが，事例調査によらないとなかなか実態をつかみ難い性格の事項であるという事情もあったかもしれない。これに対して，上記の藤田著，とくにその前半部は，『戦後労働組合の実態』よりやや発表時期が遅れるが，そうした機能面から当時の単位組合の実態を考察した研究として，『戦後労働組合の実態』を補完するものとなっている。

　藤田の考えによれば，戦後直後期の労働組合は，単に団体交渉を通じて労働条件の改善を果たすという通常の労働組合運動を展開したのではなく，経営の民主化，戦犯的幹部追放，幹部公選，職場秩序の民主化，それらの保障としての経営協議会による参加を追求し，究極的には労働者的産業復興を自らの手で

実現しようとする政治的性格を強くもつものであった。それは,「工場ソヴェト」ないし「工場委員会」的性格を色濃くもつものであり,戦後経済危機の中では,政治権力掌握をめざす革命的労働運動に転化しうる性格のものであった。そのようなものであるからには,経費援助などは問題とならず,使用者が労働組合の御用化を図るどころか,むしろ労働組合が実質的に経営を占拠している状態であり[2],労働組合法2条の適用問題などは,本筋の問題ではなかったことになる。

戦後直後型労働組合運動を主導した日本共産党がこのような課題をどれほど意識して追求していたかは,必ずしも明らかでない。だが,挫折した昭和22年の2・1ゼネストは,公務員の賃上げ闘争として始まったが,最終的には,吉田内閣を打倒し,共産党が主導する民主人民政府樹立を目論む革命的労働運動として遂行されようとしたことは確かである[3]。だが,占領軍は,そうした共産党の政治的目論見を受け入れるつもりはなく,最終段階で介入してゼネストを禁止した。占領軍の占領目的の中には,日本社会の民主的改革は含まれていたが,労働運動主導の社会革命を実行させることは含まれていなかったというべきであろう。共産党も,時の勢いに乗ってゼネスト突入直前まで行ったとはいえ,占領軍の禁止命令を突破してストライキに突入する覚悟はなかった。この意味では,客観的にみれば,もともと実現可能性に乏しい計画であり,どれほど革命的情勢が醸成されていたと言えるのか疑問もあるが,ハイパーインフレを背景に労働運動が盛り上がり,物価の抑制を保証できないのに,賃金だけを抑え込もうとする保守政権への労働者の不満が爆発寸前であったことは事実であろう。こうした運動の盛り上がりを背景に,この時期労働組合が獲得した労働協約(藤田の用語法では,端緒的労働協約)は,産別系,総同盟系を問わず,経営事項についての労働組合の関与を強く認め,人事権を制約し,また企業内に

---

2) たとえば,井上雅雄『文化と闘争:東宝争議1946-1948』(新曜社,2007年)第三章第一節では,映画会社東宝において,戦後直後期に,企画審議会という協議機関がどのように運営されていたかが精細に描き出されている。労働組合が映画作品の企画という経営の根幹に関わる事項について,実質的にコントロールする権能を発揮していたことがわかる。

3) 大河内一男=松尾洋『日本労働組合物語 戦後Ⅰ』(筑摩書房,1969年)197頁,日本労働協会編『戦後労働立法と労働運動』(上)・(下)(日本労働協会,1960年)。

シンポジウム（報告⑥）

おける労働組合の活動を事実上制約なく認めるようなものであった。経営側の態勢は整っておらず，労働攻勢に対して受け身に立たされていた。企業経営者を支援すべき財界労務部としての日経連の結成が認められたのは，昭和23年4月になってからであった。

　他方，2・1ゼネストは，戦後直後型労働組合運動を土台から揺り動かすことになる二つの重要な種子を産み落とした。一つは，2・1ゼネストを中心となって推進した産別会議事務局内から生じた共産党指導部の労働運動引き回し指導を批判する細谷松太ら民主化同盟（産別民同）の動きであり，いま一つは，占領軍首脳部における共産党に対する強い政治的警戒感である[4][5]。選挙によらず，労働運動の圧力によって政権を奪取しようとする共産党の動きに占領軍が強い警戒感をもったとしても不思議はない。もっとも，占領軍が労働運動に対する態度を明確に助長から規制・抑制に転換したのは，昭和23年になってからであり，とりわけ同年7月にマッカーサー書簡によって公務員の争議権を全面的に剥奪した時からである。そして，昭和23年12月に日本経済の早期自立を求める経済九原則が米国政府による占領政策の基本方針とされたことにより，そうした占領政策の転換は，決定的となる。

Ⅲ　占領軍による超法規的「個別指導」：法改正以前の「厳格化」

　昭和20年労組法制定と昭和24年労組法改正が全く異なった立法過程をたどったことは，本史料研究からも明らかである。前者では，松岡駒吉ら戦前労働運動のリーダーを含む三者構成の労務法制審議委員会において，労使当事者の主張と，末弘厳太郎を中心とする学者，そして，厚生省事務当局などの意向を反映しつつ議論が進められ，占領軍当局の干渉は最低限度にとどまっていた。しかし，後者においては，英文による改正草案がGHQより手交され，それを翻訳する形で立案が行われている。そして，八次案におけるいわゆる法案転換と称される方針転換[6]もGHQ主導であった。日本側当局と政権担当者たちの意向

4）　大河内＝松尾・前掲注3）256-257頁。
5）　日本労働協会編・前掲注3）（下）89頁［賀来発言］。

は，細部の修正に反映されるにとどまったと言える。

　占領軍の労働組合政策転換と，前のめりとも見える強引な干渉姿勢は，法改正以前に進められた「個別指導」に明らかである。具体的には，昭和23年12月22日づけ「民主的労働組合及び民主的労働関係の助長に関する次官通牒」（以下，12.22通牒），および昭和24年2月2日づけ「労働組合の資格審査基準に関する次官通牒」（以下，2.2通牒）と，それらに基づく組合規約・労働協約に関する「個別指導」がそれである。これらの次官通牒の主たる内容は，明らかに占領軍の手交文書の翻訳であって，労組法改正案以上に露骨に労使関係のアメリカ・モデルを押し付けようとするものであった。これらの次官通牒は，昭和20年労組法の解釈適用という形式をとっていたが，判例の引用などは全くなく，一方的に占領軍の行政解釈を押し付けるものであった。また，この「個別指導」は，実務上は，基本的には都道府県の労政事務所など自治体職員によって行われたが，当該労使を呼びつけて説諭する態のものであって，およそ行政指導の域を超えて，占領軍権力を背景にした強制以外の何物でもなかった。

　この「指導」を実施するに当たって，GHQ 労働課は，担当官を全国に派遣して労使懇談会を開催し，趣旨を徹底する（要するに次官通牒は占領軍の強い意思を表したものであることを知らしめるということである）とか，全国組合本部や主要企業に乗り込んで直接指導を与えるとか，地方軍政部にやはり労使懇談会を開催させるなど，日本政府の行政指導任せにしない強い干渉姿勢を示した。昭和24年2月11日の労政局長通牒「労働組合の規約，協約指導並びに資格審査基準の適用について」では，「都道府県軍政部は労政職員のこれら努力に対して，指導し協力することになっているのであるから，これと緊密なる連繋を保持すべきことは勿論であるが，軍政部の主導によって，この事務を推進して行くが如き態度は，とるべきでなく，都道府県労政職員の自らの努力を第一とすべきである。」と公文書にあるまじき語調で叱りつけている[7]。これは，「占領軍のお達しなのだから仕方ないだろう。俺に文句を言わないでくれ」といった調子の「指導」が頻発し，GHQ の逆鱗にふれたものだろう[8]。

---

6) 遠藤公嗣『日本占領と労資関係政策の成立』東京大学出版会，1989年。
7) 労働省『資料労働運動史　昭和24年』（労務行政研究所，1952年）930-931頁。

シンポジウム（報告⑥）

　昭和24年1月から3月にかけての「個別指導」の実施結果は，組合数にして約1万5千，組合員数にして257万4千という膨大なものであり，3月以降も継続され，各都道府県のほとんどが実施予定組合に対する個別指導を完了したとされる。中小組合を含めて，およそ目につく労働組合と使用者は，悉皆この「個別指導」に呼び出されたと考えられる。この結果，法改正以前に，主要な争点であった経費援助問題は，事実上，強権的に解消されてしまっていたと考えられる。法改正作業の中心メンバーの一人であった松崎芳伸（労働法規課長）の述懐によれば，「しかしあの次官通牒は，みなさんよく守ってくれましたな。通牒が法律みたいなものでした。」という状態であった。旧法の解釈の「厳格化」で法改正と同様の効果が得られるのであれば，法改正は必要なかったとも言える。

　もっとも，もう一つの主要争点であった協約自動更新規定，および人事に関する同意約款の廃止の要求については，必ずしも，行政指導によりただちに解消とはいかなかった。協約期限が切れるまでは，経営側が一方的に既存の協約を破棄することはできないというタイムラグの問題もあるが，昭和24年前半期においては，「自動延長規定を根拠とする労働組合の反対，労組法改正が未だ決定しない事による見送り気分があって」次官通牒が求めていた協約改訂がスムーズに進行したとは言えない。この点からすると，法改正はやはり必要だったということになる。

　経費援助問題が法改正以前に行政指導によって事実上「解決」されたのは，2.2通牒の力が大きい。同通牒により，労組法2条但書第1号の「適正厳格なる審査」を行うこととされ，具体的には，会社役員や工場支配人，人事課長や会計課長にとどまらず，「生産，経理，労働関係対部外関係，法規その他専門的事項に関する会社の政策決定についての権限を有し，或いはこれに直接参画

8）　賀来はこの「個別指導」における占領軍の役割について，「側面的じゃない。ぼくにいわせると軍政部がやってくれたようなものですよ。」（日本労働協会編・前掲注3）（下）98頁）と述べている。
9）　労働省・前掲注7）800頁。
10）　日本労働協会編・前掲注3）（下）98頁。
11）　労働省・前掲注7）798頁。

する者」に大綱をかける基準が示された。そして，同条但書第 2 号の「主たる経費」についても，組合専従者に支払われる金銭は，いかなる形態であってもそれに該当するという例示が行われ，これについてはいかなる妥協的措置も認めないとする占領軍の強い態度によって貫徹された。労組法の定める不当労働行為に対する保護を失うことを恐れる労働組合は，これを受け入れざるをえなかった。

Ⅳ　労働法規改悪反対闘争の抑圧と尻すぼみ

　経費援助問題と協約自動更新問題だけをとってもこれほど大きい影響をもつ法改正に対する労働組合の反対闘争は，微弱であった。公聴会で抗議行動をして流会にさせるなどの事件はあったが，ストライキなどの実力行動は乏しかった。労働省が把握した限りでは，「労働法規改正反対の為，会合またはデモに参加した人員298153人，労働法規改正反対の為のストライキに入ったもの13組合（7000人）」に過ぎなかった。

　この背景には，前項で述べた「個別指導」の影響があったことは間違いない。労働省も「「労働法規改悪反対」のスローガンは数多く掲げられてはきたが，大した混乱もなく平穏裡に成立したのである。この労働組合法の事なき通過成立の蔭には半年近きに亘る行政指導の影響が与って力あった事は否定し得ないであろう。」と自画自賛している。また，昭和24年 3 月25日には，エーミスGHQ労働教育班長が労働法規改正反対ストを禁止するとの指令を発している。このように圧倒的な占領軍の圧力に屈し，労働組合の反対闘争は尻すぼみとならざるを得なかったと考えられる。そして，昭和23年 7 月には，上述のように公務員のスト権はく奪が行われ，その後の公務員法改正，公共企業体等労働関係法の制定により，運動の主力部隊であった官公労が抑え込まれたことも影響

---

12) 労働省・前掲注 7 ）929頁。
13) 労働省・前掲注 7 ）930頁。
14) 労働省・前掲注 7 ）17頁。
15) 労働省・前掲注 7 ）798頁。

したことだろう。

　もっとも，占領軍・政府によって違法と決めつけられても，公務員スト権剥奪に対しては，国鉄労働組合の青年労働者による職場放棄運動が全国に広がり，昭和24年6月の行政整理反対闘争では，国電のストライキ闘争などが展開されている。いずれも，占領軍・政府の強硬方針によって，違法ストとして鎮圧されたが，とにもかくにも，現場の労働者は闘っている。それに比べると，この労組法改正反対闘争の微弱さは際立っていると言えよう。占領軍・政府による労働運動正常化キャンペーンが反対闘争の気勢を削ぐことに成功したと考えられる。一つには，労働運動の側に占領軍・労働省に対して制度論争を挑むための準備がなく，議論において受け身に回ってしまったという事情があったと考えられる。当時の日本で，世界の常識といわれたときに，反論するに十分な諸外国の労働運動についての知識を持っている者は，皆無に等しかった。

　キャンペーンの薬が効きすぎた例も報告されている。「中小組合にあっては，個別指導を受けて，組合運営の熱意を失い，特に組合員の範囲と関係する（ママ）むしろ組合を解散した方がよいという意向を示す労働組合が少なくなく，実際に解散したところもある」[16]。

V　経費援助問題をめぐって

　それにしても，専従者の給与を支払うことがそれほど異常なことだろうか。この点についての正面からの議論は，法改正（とそれ以前の行政指導）の過程で一度も行われていない。組合側は，給与が低いので，組合費では専従者経費を賄えないというような議論を展開しているだけで，「何が悪いのか」というような正面からの反論は行っていない。

　世界の労働運動をみても，産業別組合や職業別組合の企業外での活動が主体だった時代はともあれ，職場の雇用関係に関わる個々の労働者の苦情処理などに携わるようになったときに，通常の組合費で賄われる組合役職員だけでこれ

---

16)　労働省・前掲注7）803頁。

に対応している例は少ない。ドイツやフランスでは，法定従業員代表制により，これらの活動を中心となって担うのは，有給の従業員代表である。スウェーデンは，労働組合一元制（従業員代表制を持たない）の労使関係で知られているが，職場での組合活動に必要な時間については，労働協約により，有給での活動を確保している[17]。

　アメリカでも，職場の苦情処理を扱う苦情処理委員（grievance committeemen）は，有給の時間内活動を相当程度行っている。統計などはないので，有給時間内活動（paid time off or paid release）がどの程度行われているのか，正確なところはわからない。しかし，実質的には，そうした活動保障抜きには，きめ細かい職場苦情処理は困難であると思われるので，有力な組合のある職場では，この慣行は相当程度広がっていると考えられる。大きな工場の苦情処理委員会のメンバーの中には，事実上，専従状態で職場組合活動に携わっているものが相当数いるのではないかと思われる[18]。このような措置は，NLRAに規定された支配介入の不当労働行為に該当しない。経費援助の除外規定である「confer with him during working hours without loss of pay, U. S. Code, Title 29, Chapter 7, section 158 (a)(2)」の範疇内にはいると解釈されているはずである。経営者側も，適切な苦情処理が行われることは，労使関係上効率的と考え，こうした苦情処理委員の時間内活動を一定程度許容することが多い。

　このようなアメリカ労使関係の実態が昭和24年当時の日本では知られていなかったことは，ありそうである。戦争をはさみ，戦後も海外調査などは行えない状況であったから，ワグナー法下の職場労使関係の実態に通じた日本人などはいなかったろう。藤田前掲著でも，アメリカの事情については，Millis and Montgomeryの著書[19]が主たる情報源である。だが，GHQ労働課には，労働運動出身者もいたから，知っている人間がいたはずである。

---

17) 労働政策研究・研修機構『スウェーデンの労使関係─協約分析を中心に』（2014年）。
18) 小池和男「「先進国相場を活用して職場の発言を強化する」『ビジネス・レーバー・トレンド』12月号（2012年））によれば，「自動車工場の事例をみれば，200人〜300人の組合員にひとりの専従者がいた。そのうち組合が全額サラリーを払っているのはせいぜい一人であった。あとは「苦情処理委員」などで，規定上は時間の1，2割は作業ラインにいらねばならないのだが，実際はほとんど組合員の相談にのり，全日会社払いであった。」という。

その知識がどれほど正確なものであったかについては，疑問もある。たとえば，上記12月22日の次官通牒を見ると，意思決定機関についての文言のなかで，「単位組合支部，分会等は，組合員全員が容易に会合し，意見を交換し，十分に納得した上，組合の政策決定のための意思をとりまとめることができる範囲において組織されることが適当であり，かかる単位で組織された単位組合支部乃至分会は，少なくとも月一回組合員全員のゼネラルミーチング単位組合大会をもつ必要がある。」とされているが，不可解である。およそ，このような非効率な組合運営が可能なはずはない。ここで，単位組合とか支部とか訳されている（訳語に混乱もあるが）のは local union のことだと思われるが，アメリカの大規模 local でこのような組織運営が行われていたはずはない。Local union 内の職場支部のことだと考えても，実行不可能である。

他方，ある程度の知識をもっていた可能性を示唆する資料もある。2.2通牒の「審査基準(4)のB」においては，「主たる経費補助」の例外として「会社が労働協約の定により，平均一日二時間を超えることなく作業中，日常の苦情処理等のため使用者との協議に従事し得るよう指定された組合役員並びに適度の数の支部（役員？―引用者），若しくは全国大会に出席する適度な数の組合員の賃金を支給することは労働組合法第二条但書第二号の規定に該当するとは見做さない」[20]としている。これは，上記の paid time off の慣行を想定しており，アメリカの職場労使関係の実態を一定程度知り，それを日本の労使関係にも適用しようとするものと言えよう。ただ，なぜ平均一日二時間なのかは，わからない。だが，その後の法改正のプロセスにおいては，この次官通牒で不当とされた組合事務所供与を例外で認める規定は入っていくが，次官通牒にはあった二時間の paid time off の規定は消えてしまう。これがどのような理由・経緯でそうなっていったかは，これまでの立法史研究では，なお明らかでない。法改正に反対していた労働組合が，この次官通牒の条項をとりあげて法改正に反映させる修正努力を行った形跡も見当たらない。もし，この条項が改正労組法

---

19) Millis, Harry A., and Royal E. Montgomery, 1945, *Organized Labor*, McGraw-Hill, New York.
20) 労働省・前掲注7）930頁。

に含まれていれば，日本の労働組合の時間内活動問題は，ずっと違った形で処理されていった可能性がある。

このように見てくると，専従者給与問題を時間内活動問題として処理していく現実的な可能性があったと思われる。だが，占領軍は，労働組合の自主性を損なうという原則論一本槍でこの問題に対処し，それが改正労組法にも反映され，その後の日本の労働組合運動に大きな影響を及ぼすことになった。なぜ，占領軍がこのような対応をとったかは，アメリカ・モデルへのこだわりや，組合自主性に関する原則論だけでは説明しきれないように思われる。当時の賀来才二郎労政局長の回顧によれば，「専従者の中に，全国的にみて約五千人くらいは共産党員がいたでしょう。この連中は，給料をもらいながら自分のところの組合運動をやるだけならまだいいんですが，日本タイプが争議をやれば，そこにワッとおしかける。そういう傾向があって，非常に暴力化して困っておったんですね。それを二十四年改正で，経営者は支払ってはならんということになったわけですから，共産党にはこたえるはずですよ。[21]」このように，共産党が主導する産別会議の運動を抑制し，コントロールしようという政治意思がそこには働いていたと考えられる。

こうした反共産党・反産別会議の志向は，たとえば，12.22通牒における，全国組合による単位組合統制を民主的でないとして排除しようとする執拗なまでの姿勢にも反映している。「民主的労働組合は，全国的組合の推進力となりつつも依然として自己の自主性を確保しているべきで，最高機関による拘束又は統制に対し独立性を保持していなければならない。わが国の組合の多くは，かかる点に対する配慮が足りない。[22]」というのが代表的な主張だが，これは，産業別組合主義の組織方針とは相いれない考え方である。労働組合が有効な運動を展開するためには，企業別組合単独では限界があり，いかに産業別組織の統制力を高めるかが課題となったその後の展開を考えるとき，一面的な主張であることは明らかである。そこでは，労働組合が共産党のフラクション支配に操られて，政党からの自主性のない運動になってしまっているという認識が前

---

21) 日本労働協会編・前掲注3）（下）138頁。
22) 労働省・前掲注7）925頁。

面に出されている。確かに，産別民主化同盟が主張していたように，共産党のフラクション支配が強力に貫徹している組合運動が多数存在していたことは確かだが，それを打破するために，経費援助に着目して労働運動を締め上げるというのは，筋違いであり，産別民同といえども，それに賛成していたとは思えない。経費援助に関する法改正と行政指導は，占領軍の反共産党政略が，その後の労働運動への永続的影響を及ぼすことになった事例の一つと評価できよう。

VI 協約自動更新禁止と無協約状態

もう一つの主要争点だった協約自動更新規定の排除は，より一層，占領軍の政略モメントが強い項目である。竹前によれば，米国政府内における昭和20年労組法への批判的見解は，法成立直後からあり，それが1946年7月の「労働諸問委員会最終報告」に集約されていたという。だが，その中に経費援助問題は含まれていたが，協約自動延長問題は含まれていない。これは，労働協約が締結されたのは多くそれ以後のことであることから，問題に気づいていなかったのかもしれない。ただ，1948年1月から進められていた労働法規改正の検討案の中にも，当初は含まれていなかったとされ，これが登場してくるのは，マッカーサー書簡発出後の昭和23年7月27日付のいわゆる「ローマー・メモ」が最初であるとされる。

協約自動更新問題は，人事同意（協議決定）条項とセットになった問題であり，経済九原則による占領軍経済政策の抜本転換にとって鍵をなす課題であった。経済九原則を強行して財政均衡を強制し，また価格統制を解除して市場経済に一挙的に移行すれば，価格体系の大きな変動が起き，行政整理・企業整備が進行して大量解雇が不可避となることは明白であった。ところが，労働組合

---

23) 竹前栄治『戦後労働改革』（東京大学出版会，1982年）255頁。
24) 竹前・前掲注23)251-260頁。
25) 竹前によれば，1948年7月27日付ヘプラー労働課長宛メモ「労働法規に関する可能な改正点」（S.ローマー起草）は，占領軍内部での労組法改正検討プロセスにおいて重要な転換点をなす文書である。同メモの中に，「労働協約の延長には当事者双方の同意必要とする」条項を追加するとの勧告が含まれている（竹前・前掲注23)259-260頁）。

が人事同意(協議決定)条項を盾にとってこれに抵抗し、経営側が同条項を破棄しようとしても協約自動更新規定によってそれを強行できないというジレンマに直面することになるから、これをなんとかしない限り、スムーズな経済九原則の実行は困難であった。昭和23年7月時点で、米国政府が経済九原則による政策転換をどこまで検討していたのかはわからないが、12月18日に発表される以前に相当の検討期間があったことは間違いないから、協約自動更新問題が経済政策転換と密接に関わって法改正のアジェンダに上ってきた可能性は高い。

　経済九原則は、米国政府の基本方針として占領軍に至上命題として課された政策課題であり、その遂行を監督すべく銀行家ドッジが公使の資格で派遣されてくることになる。俗にドッジ・ラインと呼ばれることになるこの政策は、ドッジ個人のイニシアティブで推進されたわけではなく、経済九原則の中にその基本的対応策が定められていた。[26] 経済九原則の発表と労組法改正が提起された時期は全く重なっており、両者が密接な関係にあることが推測できる。これ以後の占領軍の労働政策への介入が露骨で強引なものとなった状況は、すでに第2項で述べた「個別指導」に明らかである。さらに、占領軍の労働組合対応の変化を示すものとして、12月20日にヘプラー労働課長が行った石炭、電産、海員、私鉄、全繊など民間労組の一時金闘争へのスト中止勧告があげられる。[27] 単なる経済要求を掲げた民間産業の労働組合の闘争に対して、労働課長がスト中止を要求するのは異例であり、この時期のGHQの過剰ともみえる緊張感をうかがわせる行動である。

　労組法改正後、人事条項や経営協議会条項などを巡って労使の交渉が決裂し、無協約状態に陥る例が激増した。労働協約の余後効が議論となったが、労使関係の実態には影響なく、東芝や日立など多くの大企業で人員整理が行われた。これに労働組合が抵抗して、激しい労使紛争につながったが、それらの争議は

---

26) 三和良一(『日本占領の経済政策史的研究』(日本経済評論社、2002年) 67頁)は、ドッジは経済九原則を「個性的に解釈したうえで構想したものであった」とする。たしかに、経済九原則には「価格統制の強化」という項目があるが、実際に行われたのは価格統制の大幅解除であった。結果的に、一挙的市場経済移行という色彩が強くなっている。

27) 大河内＝松尾・前掲注3) 305-307頁。

ことごとく組合側の敗北に帰し，多数の労働者が失業することになった。ドッジ・ラインは大きな抵抗なく実施され，市場経済移行が短期間に完了した。

Ⅶ　経営協議会の追放と労使協議制の復活

　無協約状態が広がるなか，経営側の優位のもとで労働協約を結ぶ例もなかったわけではない。これらの協約の中には，占領軍の「個別指導」にそのまま従ったとみられるものも多かった。だが，そうした「アメリカ・モデル」の労働協約は，日本の労使関係の現実に合わず，いたずらに労使関係を混乱させる効果をもつことになった。その中で，最も問題だったことは，それまでの労使関係で最も重要な役割を果たしていた経営協議会を追放し，これを，団体交渉と苦情処理に基づく「アメリカ・モデル」に置き換えようとしたことである。

　12.22通牒の「労働協約に関する指針」では，「経営協議会において，生産増強等につき協議する場合に於いても，経営者が経営に対し責任を有する限り，最終決定は経営者に留保されるべきである。また職務怠慢な労働者を解雇することも使用者の権限に属すべきである。しかしながら，労働協約において（中略）正当な理由のない差別的人事に対し，組合が使用者に異議の申立をし，苦情手続にかけることができることを協定するならば，同じく人事権に対し制限をかけることとなるが，これは労働者による経営権の否定とは考えられない。」とする。また，「各職場における労働者が，労働協約や労働契約と関連して，自己の労働条件について，いだいている苦情や，協約の適用解釈に関する労資間の意見の不一致などを迅速且合理的に調整し，明朗な職場を建設し，生産を向上するには，苦情処理機関を設けることが必要である。」[28]

　戦後直後期における経営協議会は，今日多くの企業で見られる労使協議機関とは異なり，単に雇用関係事項についての労使協議を行ったり，経営事項について労使が意思疎通を図ったりする場にとどまらず，重要な経営事項についても協議決定したりするなど，共同決定的な経営参加を行う機関であった。それ

---

28)　労働省・前掲注7）927頁。

だけに,「経営権の侵害」として経営者側の反発も強く,市場経済の下で対等・正常な労使関係を確立しようとする占領軍が経営協議会に批判的であったことも理解できないわけではない。しかし,経営協議会の改革を行うという方策をとらず,それを一律に追放して団体交渉・苦情処理システムによる「アメリカ・モデル」を導入しようとしたことは,日本の労使関係の現実を理解しない文化的偏向に基づく方針選択であったと評価せざるを得ない。このことは,その後の日本における労使関係の動向を見れば明らかである。協約上の苦情処理機関は使われず,開店休業となり,「労使協議制」に衣替えして復活した経営協議ないし労使協議機関が企業・事業所労使関係の基軸となっていった。

　「アメリカ・モデル」が日本で機能しない理由は,大きく分けて二つある。第1は,労働協約によって労働条件を詳細に決定し,また先任権のような労働者個々人の権利を明確化することが困難であることである。このことは,占領軍も気づいていた。12・22次官通牒でも,労働協約に関する指針の中で,「労働条件を詳細且明確に規定すること」を求め,「賃金,労働時間,諸手当,超過勤務手当,休日休暇等の労働条件及び職場規律,組合役員の先任権」などを詳細・具体的に規定することが必要だとしている。だが,せいぜい電産型賃金体系のようなものが画期的に合理的と評価されるような状況のもとで,労働協約に個別賃金を紛れなく決定するような規定を書き込むことが可能であろうか。あるいは,査定に不満をもった労働者は,どのように苦情を申し立て,仲裁人はその当否をどう判断したらよいのだろうか。

　第2の問題点は,雇用関係事項である。整理解雇に労働組合が反対しようとしたときに,「アメリカ・モデル」にはそのチャネルがない。解雇にまで至らなかったとしても,大量配転が必要になったときに,経営者がまず一方的に行い,事後的に組合が対処するアメリカ方式でうまく組合の意見反映ができるだろうか。そもそも,「アメリカ・モデル」では,協約期間中の絶対的平和義務が原則である。この原則に従えば,協約期間中に整理解雇が実施されても,労働組合はそれに対してストライキも打てなくなってしまう。

　この問題は,占領軍も気づいていて,上記労働協約の指針の中で「労働協約の有効期間中は一切の労働争議行為を行わないことを規定するのが最も望まし

いが，このような規定が行われないときは，紛争の平和的解決のための規定」を設けることを勧めている。「労働協約の適用，解釈に関する労資の意見の不一致，労働者の個人的苦情」については上記の苦情処理手続（当然最終解決は仲裁となる）にかけるとしても，それ以外の集団的苦情・問題の処理のために協約期間中の団体交渉を認め，しかし，その場合も労働委員会等の第三者調停を前置することを必須化するなどして平和的解決を極力追求する仕組みを作ることを求めている[29]。

実際には，「アメリカ・モデル」の事後対処方式ではなく，労使協議制による事前協議方式のほうが日本の労使関係の現実には合っていたので，アメリカ風の団体交渉・苦情処理システムではなく，日本風の団体交渉・労使協議システムが確立していくことになる[30]。だが，労使関係法制上，労使協議制についてはなんらの規定もない状態のなかで，労使が手探りで制度構築を進めていかなければならなかった。この過程で大きな役割を果たしたのが生産性向上運動であり，その中で労使協議制というネーミングを考えて普及させて行った中山伊知郎教授のリーダーシップであった[31]。

Ⅷ　結　び

以上，見てきたように，昭和24年労組法改正において，労使関係上，最も重要な争点となっていた経費援助問題と協約自動更新問題を見る限り，占領軍の対応（そして，それを受けた労働省の対応）は，一面においては「アメリカ・モデル」の押しつけであり，他面においては，経済九原則を至上命題とする占領政策実行のための政略であったと言える。そうした占領軍の対応（とそれを受けた労働省の対応）は，結果として日本の労働組合運動に大きな禍根を残す形で

---

29) 労働省・前掲注7）928頁。
30) 仁田道夫「労使協議制」大谷真忠・佐護誉編『労使関係のゆくえ』（中央経済社，1989年）。
31) 仁田道夫「労使関係論と社会政策に関する覚書」社会政策学会編『社会政策叢書第22集 社会政策学会百年』（啓文社，1998年）。

実施されたと言わざるをえない。確かに、戦後直後期の危機的状況下の革命的労働運動を、正常な市場経済下の常道的な労働組合運動に転換していくことは必要だったかもしれないが、もっと違うやり方があったのではないかという感想を禁じ得ない。

　全くの白日夢だが、もし、このとき日本を占領していたのがアメリカ人でなく、ドイツ人だったら、どうだったであろう。ドイツ人であれば、この状況下で日本の労働者が求めているものがなんらかの意味で同権的・共同決定的な職場の労使関係システムであることをただちに見て取ったであろうし、市場経済下でも実行可能なドイツ風のシステム導入を勧めたであろう。もっとも、企業別組合は従業員代表委員会にされて、スト権を奪われていたかもしれないが、その代わり、産業別組織が労働組合とされて、産業別労働組合が確立していたかもしれない。

　それはともかく、昭和24年という時点は、日本の労使関係システムにとって、なおさまざまな可能性があった時代であり、それが一定の政治経済状況のもとで、超法規的な権力を有する占領軍のとった政策によってある軌道に乗せられていったことは確かであろう。このプロセスについては、なお明らかでない事情も多々あり、今後の歴史家たちによる研究に期待したい。

　　　　　　　　　　　　　　　　　　　　　　　　（にった　みちお）

《シンポジウムの記録》
労働組合法立法史の意義と課題

1 シンポジウムの趣旨:特に旧労組法と労組法の関係の捉え方

土田道夫（司会＝同志社大学） それでは，シンポジウムを開始します。まず初めに，質問用紙に沿って議論・質疑を始めます。

1件目ですが，近藤昭雄会員から，全体の基本的な視点についての質問が来ています。「(昭和) 20年 (労働組合) 法から (昭和) 24年 (労働組合) 法への連続的な展開として捉えられているところは，それでいいのだろうか。こういう制度形成が，それぞれの時代の政策目的実現のための手段だとすると，それと関連づけた分析が必要と思われるが，いかがだろうか」ということです。

これは野川会員への質問ですけれども，野川会員が答えたのちに，ほかの方々からも補足をお願いできればと考えています。その前に，近藤会員から，もし補足することがあれば，よろしくお願いします。

近藤昭雄（中央大学教員OB） 深く大きな問題で，どなたに質問したらいいのかと迷いつつ，全体の統括者ということで野川会員にお願いしようと思いました。

今回の報告は，大変細かに事実を講義していただき，勉強になることもたくさんありました。ただ，全体的な構成は，20年法，24年法の両者を連続的に比較する展開になっていたように理解しました。ですが，法がそれぞれの時代の政策目的を実現するための手段だとすると，政策目的との関係で，それぞれ規制された部分があると思います。

仁田先生の報告にもあったように，それぞれの時代で……，例えば，20年法の場合だと，戦前における使用者の独善的な権力構造に対しての労働者権の確立に主眼が置かれたと私は思います。そういうところから労働組合加入権の保障というかたちで来て，必ずしも不当労働行為というかたちで概念で構成されてはいないと理解しています。

労働組合加入権という概念は，戦前の労働組合法案にもあり，最初に出てきたのは，実は，ワグナー法以前の段階です。旧労組法の基礎作りは，労務法制審議（委員）会の中で，戦前の組合法案などを作成した末弘（厳太郎）先生とか山中（篤太郎）先生がやりました。確かに，最終的には，時代的なさまざまな要因が入ってきたとは思います。しかし，基本は，そこにあったと思います。

それに対して24年法制の場合は，どちらかというと団体交渉権を中心とした労使関係制度の強権的な変更という本質があります。しかも，当時の状況では，それはすご

く政治的な意味を持っていました。報告にもあったように、それがさらに露骨なものとして表れてきた背景を考えると、そういうことを抜きにして資料の形式的な部分だけにしていいのだろうかと大変強く感じました。

大変熱くなって恐縮ですけれども、私は、そういう趣旨で考えています。その点について、もし可能ならば、一番のディレクターの野川会員に質問したいと思いますが、ほかの方でもどなたでも結構なので、考えを聞かせていただければと思っています。

野川忍（司会＝明治大学）　ご指名なので、初めに私から簡単に答えて、そのあと、お尋ねの件について、より詳細な報告をしたほかの方々に補足していただきます。

まず、近藤会員があとのほうで言われたことについてです。労働組合加入権の保障という位置付けが中心で、不当労働行為については、いろいろな政治的な事情から、あのようなかたちで展開されたのではないかということですが、その点の認識については、資料を検討し、当時の政治情勢を踏まえたうえで、どのように考えるかということになります。ですから、例えば、不当労働行為制度あるいは団体交渉制度について検討したほかの報告者に、考えがあればうかがいたいと思います。

大きな質問用紙に記載された点ですが、20年法から24年法への全体の構造は、連続的な展開という報告にはなっていなかったと思います。

要するに、20年法は、まだ憲法もできていない1945年に、とにかく作られました。不当労働行為制度についても団体交渉制度についても、GHQにとっては大変由々しき内容だったので、紹介したGHQの勧告が三つ続けて出たわけです。非常に厳しい内容でした。

それにこたえて、もちろんGHQとさまざまなやり取りをしながら、第七次案まで、ほぼアメリカ型の労働組合法制の枠組みを採った法案がずっと展開されてきました。

ところが、何度も出てきている法案転換において、それががらっと変わります。アメリカ型の持っていたさまざまな特徴を換骨奪胎し、極めて日本的なかたちに変わっていきました。それでも、いろいろな残滓というか、特徴が完全になくなったわけではありません。そういう非常にねじれた展開をしていきました。

もし、連続かそうでないかと言われれば、少なくとも、普通に考えるように、ある年に法律ができて、それが何年後かに改正されるときに想定されるような連続は、明らかになかったと言えます。

また、おっしゃるとおり、法による制度形成は、もちろん政策目的のための手段であり、それを分析することは大事です。ただ、私が最初に紹介のところで申し上げたことの繰り返しになりますが、労組法の立法過程については、例えば、旧労働省の手になる『労働行政史』あるいは『資料労働運動史』とか、竹前（栄治）先生や遠藤（公嗣）先生の占領史の観点から、まさにGHQの占領政策、当時の国際関係、日本の労働運動の状況、日本の政治情勢等を感知した観点からの検討がなされています。

それに対して，労働法学の観点からは，20年労組法制定の当初から27年改正に至るまでの経緯について，具体的に示された草案や法案の中身に立ち入って，第一次資料に対してきちんとした検討を行っていく研究は，少なくとも，これまではありませんでした。

今回の報告は，それについてきちんとした研究をしましょうといった趣旨で行った成果であり，それは決してほかの観点からの政治的な，まさに仁田先生が言われた労使関係論的な，あるいは経済史的な観点からの変更を無駄だとか必要でないと言うものでは全くありません。私からは，そのことを説明したうえで，不当労働行為あるいは団体交渉の観点から，今の近藤会員の質問に対していかがでしょうか。

竹内（奥野）寿（早稲田大学） 口頭で補足される中で，強権的なかたちで24年労組法の改正が行われていったのではないかとのご指摘がありました。例えば，労働協約の期間については，ご指摘が妥当する側面があると思います。すなわち，協約の無期限存続は，GHQ側ないし労働行政側から見れば維持しがたく，強権的に行っていった側面があると思います。

他方，団体交渉に関しては，20年労組法が制定されて程ない，1946年時点において，既に，アメリカ側から，種々補充する必要があるとして，純粋にアメリカ法的な観点に依拠した制度改正の方向性が提言されていました。こうした観点からの制度改正は，その後しばらく具体的な作業が進みませんでしたが，1948年半ばから具体化していくことになります。すなわち，団体交渉制度については，ある意味，理念として，こうした制度があるべきだという観点からの検討があったといえると考えます。

中窪裕也（一橋大学） 先ほど野川会員からもありましたように，今回の報告は，今まで政治史あるいは占領史の観点からさまざまに議論されてきたことについて，労組法の具体的な条文の中でどういう変化があり，それがどういうかたちに変わっていったのかを明らかにすることが眼目でした。

私の報告も，かなり細かなところまでフォローすることになりましたが，私たちも，それを取り巻く政治的・社会的な要素がたくさんあり，その中で，こういう条文の作成や変更が行われたことは重々認識しています。また，20年法と24年法では当時の状況が違うこと，20年法では組合加入の自由の確保が何よりも重視されていたのに対し，24年法では，より広い労使関係制度という観点になったということも，おっしゃられたとおりだと思います。

ただ，さっきの報告でも申しましたように，不当労働行為に関しては，そこにアメリカ型の行政救済が持ち込まれました。これはGHQから非常に明確なかたちで出され，それに沿った法案が作られていきました。もしこれが実現していれば，随分大きな変更になっていたはずです。けれども，法案転換によって，20年法の枠組みの中に取り込まれる結果となってしまいました。そういう意味では，確かに，20年法から24年法への連続的な展開と言えなくもありません。

しかし，アメリカ型の行政救済のシステムが入ったという点では，従前と同じような構造に見えても，やはり中身には大きな違いがあります。かつ，そこにはアメリカとは違う日本的な制度の特徴もいっぱいあります。その辺を，できるだけ明らかにしたいということでありまして，われわれも決して単純に連続と考えているわけではないことをご理解いただければと思います。

野田進（九州大学） 私がお答えすることが期待されているかどうかわかりませんけれども，労働委員会の制度に関する近藤会員のご質問に，私の気持ちとして触れるところがありますので，少し発言したいと思います。

近藤会員の質問は，「法による制度形成がそれぞれの時代の政策目的実現のための手段だとすると」という書き方をされています。労働委員会は，私以外の皆さんの実体法と比べても，制度そのものであり，まさしく政策実現の道具です。そういう意味では，近藤会員の問題に合致するところがあると思います。

昭和20年の労働委員会は，先ほど言ったように，戦争直後の行政や国家に対する労使の強い不信感と，国家の自信喪失という状態の中で，確かにGHQのサジェスチョンによってではありますけれども，形式的には内閣の閣議によって設立された労務法制審議委員会で自主的に作り出したものとして，ああいうかたちのものができました。

一方で，昭和24年の労働委員会は，これまでもずっと話があったように，その後の労働運動の展開の中で，GHQの勧告が直接の引き金になって新しいものができました。

私たちは，ともすれば法制の比較を考えます。私も，20年の労働委員会と24年の労働委員会を対比させて，それを比較しようとしていますが，そのために，そこに至る過程の議論が抜けてしまっていると思うので，その辺は確かに考えなければいけないとは思います。

そこで，少しだけ補足いたしますと，今日の午前中のどなたかの報告にもありましたけれども，20年労組法及び20年労働委員会に対する批判と改善案としては，GHQの昭和21年7月29日の「労働諮問委員会最終報告」という文書で，既に明確に打ち出されています。それをしばらくじっと抱えていて，昭和23年のGHQ文書に表れてきたという流れもあります。

そのことについては，既にGHQの政策研究で広く知られているようでありまして，特に竹前先生の本（竹前栄治『戦後労働改革』（東京大学出版会，1982年）252頁以下）の中に詳細に書かれているので，その辺りは，あえて対比させるという意味もあって，報告では取り上げませんでした。そうした背後の経緯を，一応，われわれも了解したうえで，あえて比較・対比させているということです。

おっしゃるように，労働委員会制度は制度ですから，どういうものが作り上げられていくかというのは，背後の実情とか，その時々の政策の考え方に左右されます。私も，その点を言いたいわけです。現在の労使関係の在り方や今後の方向付けの中で，

現在の労働委員会制度が合致しているのかということに対して，近藤会員が言われるように，意識したいと思っています。

そういうわけで，報告としては，法制の対比を前提に置いたので，近藤会員のご意向とは少し違う内容になったのではないかと思います。

2 労組法上の「労働者」概念・「使用者」概念

● 工場法と労組法上の「労働者」概念

土田（司会） それでは，続いて富永会員への質問が2件あります。まず，鎌田会員からの質問です。

「戦前の工場法では，工場という場所的支配を重視し，職工は請負・委任従事者，従業者を含むと解釈されていたとのことでしたが，これは，工場法の立法目的，保護対象から導かれたのでしょうか。また，戦後，承継か断絶かの問題はありますが，工場法の後継である旧労基法の労働者の解釈においては，使用関係が人的従属性を中心とされているのに対し，労組法の20年法，24年法の立法当時，労働者の解釈に工場法の解釈が影響を及ぼしたのはなぜでしょうか」。

ご質問の趣旨は明確と思いますが，もし補足がありましたら，鎌田会員。

鎌田幸夫（弁護士） 本当に素朴な質問です。法の概念を考えるときに，立法目的とか経緯を参考にするということであれば，工場法で，職工についてこのような解釈が採られたのはどうしてかということで

富永晃一（上智大学） 私は，工場法のエキスパートでも何でもありません。多分，皆さんの中には，もっとご存じの方がおられるのではないかと思いますが，私の知る範囲で回答させていただきます。

ご質問は，戦前の工場法では，工場という場所的支配を重視していたが，それはどうしてかという話かと思います。工場法の条文を見ると，「本法ハ左ノ各号ノ一ニ該当スル工場ニ之ヲ適用ス」とあります。「常時十人以上ノ職工ヲ使用スルモノ」は，ある程度大規模な工場です。また，「事業ノ性質危険ナルモノ又ハ衛生上有害ノ虞アルモノ」とあります。

工場法施行令を見ると，ごく簡単な軽工業の場合は適用除外しているのですが，動力機械を用いているのは別で，適用するということにしてあります。また，有害な工場についても適用することになっていて，例えば，危険な劇物を扱っている工場などが適用対象になります。それらの例から見ると，工場でやっていることには危険が伴うので，工場法は，「そこにいる人」を保護しようとしていたのではないかということです。

工場法では，労働契約関係があったとしても，構内以外のところ，例えば，線路を見回りに行くとか，線路の補修をするとか，鉄塔の補修をしに行くとか，工場の外に出て行く人は保護しません。逆に，工場主との間に労働契約がなくても，請負業者に雇用され，使用している人が工場構内にいたら，保護することになっています。その意

味で，危険な場所に特に注目して，そういう切り分けをしたと考えています。

次に，当時，なぜそれが20年法に参照されたのかという話です。そのように20年法を解釈していたのは高橋局長などです。当時は，まだ労基法もなかった時代なので，全くゼロからの概念形成となります。高橋局長は，少なくとも工場法はよく知っていたので，そこから類推して，そういう考えを持ったのではないか，それを先例として参照したのではないかと考えています。

● 労働者派遣と労組法上の「使用者」概念

土田（司会） 富永報告に対する質問の2件目は，濱口会員からの質問です。「20年法では，供給先と供給労働者の間に労組法上の使用者，労働者関係を当然に認めていたのに，昭和60年の（労働者）派遣法では，労働者供給の一部を取り出した労働者派遣において逆の理解が採られ，以後30年間，それが維持されてきている理由は何であると考えますか」という質問です。濱口会員，もし補足があれば，お願いします。

濱口桂一郎（労働政策研究・研修機構） 基本的には，今，土田会員が読み上げられたとおりです。個人が請負で就労している場合については，考え方が非常に揺れていたということは明らかになってきました。

逆に，個人請負ではなく，戦前から労務供給請負と呼ばれてきたものについては，別に考え方が揺れているのではなくて，戦前の工場法の発想においても，むしろ明確に使用者と労働者の関係があるという考え方であったにもかかわらず，それが消えてしまったのはなぜか。この2年後に職業安定法により労働者供給事業が禁止され，供給先と供給労働者の間の関係を考える必要がなくなったからだと富永会員は言われましたが，考える必要がなくなって40年たち，労働者派遣法ができたときには逆になり，なお，その後30年間，ほとんど議論されませんでした。そのことについてどのように評価されるのか，という趣旨です。

あと，余計なことですが，先ほど「工場法が跡を残していた」という言い方をされました。私の理解では，労働基準法が施行されるまで，確か工場法は生きていたはずです。

富永（上智大学） ご質問についてですが，私もちゃんとした答えを持ち合わせておりません。

20年法の政府見解とか，20年法の労務法制審議委員会の議事録を見ると，派遣先が当然に使用者だと考えている模様です。「だって，使用しているでしょう。まさしく『使用』と書いてあるでしょう」ということで，当然，派遣先が使用者になるだろうという頭の整理をしているようです。

その後，このような考え方がなくなった一つの理由は，職安法で間接雇用が禁止されたためかもしれません。多分，間接雇用が禁止されたあと，労働者供給みたいな感じの就業形態が一般的ではなくなってしまったからでしょうか。

もう一つの理由として，その間に，雇用契約の射程自体が狭くなったことがあるかもしれません。昔の考えでいったら，例え

ば末弘先生の学説によれば，労働者供給契約というのは，実はそれ自体，雇用契約に分類されるのです。要するに，労働者供給契約も，労働力を供給し，その対価，報酬を得る契約なので，末弘説ではこれも雇用契約とみるのです。しかし，間接雇用が禁止され，時間がたつうちに，雇用契約の概念そのものが狭くなってしまい，労働者供給契約は雇用契約ではあり得ないことになってしまいました。

労働者派遣契約を作ったときは，派遣元との間に雇用契約があり，派遣先のほうには指揮命令関係しかないと整理したので，もう今までの考え方，昔の末弘先生のような考え方は採れなくなったということだと思います。ただ派遣法での整理の実質的な理由などはよくわかっておりませんので，もうちょっと研究したいと思います。

土田（司会） 濱口会員のご質問は，20年労組法では，供給先と供給労働者の間に労組法上の労使関係を認めていたのに対して，派遣法においては逆の理解を採用したというご指摘ですけれども，真逆とまでは言えないと思います。もちろん，派遣法の制定段階において，派遣先と派遣労働者の間に，20年法のような意味での労組法上の労使関係を認める意図がなかったことは確かでしょう。ただ，派遣法の段階でも，派遣先と派遣労働者の間に，労組法上の労働者・使用者の関係性を全く否定する，あるいは断絶させるという意図までは有していなかったという認識も，われわれは持っています。その点は，指摘しておきたいと思います。

濱口（労働政策研究・研修機構） 全く認めないということではないとは言いながら，原則はどちらかといえば，原則は派遣元が使用者なのであって，例外的に派遣先の使用者性を認めることもあり得るということなので，原則は供給先であると考えていた昭和20年とはやはり真逆になっていたのではないかということです。

土田（司会） ご趣旨はよくわかりました。

● 立法史から見る「使用者」概念の展開

土田（司会） 富永会員に対して，もう1件，質問をいただいています。川口美貴会員（関西大学）からです。「使用者概念が定義されなかった理由をどのように分析されているのか，お教えください。使用者概念は，条文または不当労働行為の類型ごとに異なり得るといった議論はあったのでしょうか」という質問です。

富永（上智大学） これは本当に私も知りたいところです。24年法のほうは議事録等がなくて，役人が作ったので，理由まではよくわかりません。立法担当者の石黒卓爾さんとか，賀来局長が書いた解説書もありますけれども，そこまで詳しくは書いておりません。

二つぐらい仮説を持っています。場面ごとに使用者概念は違うから，一つにまとめるのはおかしいと考えた，だから定義を置かなかった，というのが一つです。

もう一つは，第一次案・第二次案のように使用者の定義を定めた場合に，労働者でもあり使用者でもある人がたくさん出てし

まい，それが労組法の保護対象から外れることを避けたのではないかということです。

20年法の2条では，「使用者又ハ其ノ利益ヲ代表スト認ムベキ者」は労働組合に入れませんでした。24年法の第一次案の2条では，一度これがなくなります。そして第二次案の2条では，この1回なくなった規定が復活してきますが，「使用者」は条文上に挙げず，「管理または監督の地位にある者」から始まっていく，ということになっています。第一次案・第二次案の3条のように結構広い使用者概念を作ってしまって，「労働者を雇用する者及びこれを代表又は代理する者」と定義してしまうと，労働者であり使用者でもあるという立場の人が問題になります。労働者でもあり使用者でもある人で，しかも，利益代表者でない人が，「第2条第1号」で引っ掛からないように，第二次案の「第2条第1号」から「使用者」を外したのではないか，と思われます。その後，第四次案で「使用者又は」というのが1回復活しているので，それも平仄（ひょうそく）が合っているかもしれません。つまり，第三次案で，第一次案・二次案の広い使用者概念がなくなってしまったので，もう大丈夫ということで，「使用者又は」を復活させたのかもしれません。

そういうわけで，場面ごとに違うということなのか，または，使用者を定義した場合に労組法の保護対象から外れてしまったらまずいということなのか，と思っていますが，ただ，それはもう全くの推論にすぎません。

なお，使用者概念は，条文または不当労働行為の類型ごとに異なり得るかという論点についてですが，今のところ，残念ながら今回見た24年法の立法史料上は，議論は見当たりませんでした。これは引き続き調査をしたいと思います。

3　24年改正法に対する学識者の見解

土田（司会）　それでは，続いて竹内会員への質問に移ります。竹内会員への質問は，全部で3件あります。

まず，渡辺章会員から質問をいただいています。「24年改正法に関して，草案起草の段階で，20年労組法に心血を注いだ末弘博士の意見書が，第三次案という早い段階で英文で出されています。その概要なり，主張の主眼点についてお聞きしたい。

また，第六次案に当たる段階の昭和24年3月8日に，当時の日本の労働法学者，石井照久氏，有泉亨氏，野村平爾氏，蓼沼謙一氏ほかの意見書も出ていますが，これについて言及できるようでしたら言及をお願いします」ということです。

竹内（奥野）（早稲田大学）　前提的な話から説明いたしますが，20年法は，労務法制審議委員会が開かれ，学者や労働関係について知見のある人々が議論して草案が作成されていったものであります。これに対して24年法の草案は，労働省の官僚が中心となって，GHQとやり取りをしながら作成されていきます。GHQの側に改正すべきとの強い意思があり，それを占領体制下で実現しようとしたのだと思います。

こうした事情があり，24年労組法改正に

については，何度かGHQに草案が提出されており，その中にはGHQ側がコメント等を述べているものがあり，当該史料をつうじてGHQ側の考え方をうかがうことが可能です。ただ，これは一部の草案に限られます。そして，労働や労働法の学識経験者の見解については，そうした専門家が作成作業を担っていたわけではないこともあり，それが明らかにされている史料はあまり見出すことができなかったという状況です。起草を実際に担当した者の考え方についても，同様です。私が現在の知り得る範囲では，渡辺会員ご指摘の史料は，数少ないそうした専門家の見解にかかる史料であると考えられます。

一つは，末弘博士の意見が述べられている，"CLRC, ON PROPOSED REVISION OF TRADE UNION LAW AND LABOR RELATIONS ADJUSTMENT LAW" という史料です。これは，国立国会図書館憲政資料室所蔵の日本占領関係資料にあるマイクロフィッシュ（請求記号 ESS(B)16630）に収められています。

文書の日付はありませんが，内容上，本研究で第三次案と呼んでいる，1月17日にGHQに提出された草案についてのコメントと推測されます。労組法の改正にかかる基本的な問題についての意見はあるが，そうしたことには触れず，草案の見直しについて技術的な観点からコメントするとの姿勢で述べられているものです。内容そのものは最終的には当該史料をご覧いただきたいのですが，いくつか抜粋して申し上げますと，総則，労働組合関連では，2条について，非組合員の範囲は，労働委員会に判断させるべきで，法律で細かく規定するべきではない，と述べています。4条，5条の刑事・民事免責については，明確性が必要であると述べています。関連して，「正当な」という文言では，明確性を欠く側面がある旨を述べています。組合規約に関しては，労働組合の民主化は必要であるが，そのためには組合員の平等，組合における意見表明の自由，多数決による決定等を規定するだけでよく，それ以上細かいことを規制する必要はない旨述べています。

不当労働行為に関しては，現場で対応している地労委の意見を聞いて法案作成を進めること，公正な行為，不公正な行為の区別を明確にすること等を主張しています。

団体交渉や労働協約については，団体交渉，誠実交渉義務に関連して，いわゆる人民裁判のようなものを適切に是正すべきと述べており，どう規定すべきであるかは明らかにされていませんが，当時の大衆団交に行き過ぎがあるとの認識がうかがわれる意見が述べられています。また，交渉単位制度，交渉組合制度については，多数決のルール自体には賛成するが，その実現にあたっては慎重に規定内容を書き上げる必要があるとして，基本的な発想には賛意を示しつつ，慎重に作業を進めるべきとの立場を示しています。

労働委員会の制度については，判定にかかわる機能については中立の委員が行うこととする，中労委と地労委の関係につき，いわば二審制的な，ヒエラルキーの関係とし，判定機能については各地労委の能力の

限界を踏まえて中労委に審判部を設け、いくつかの地域に支部を設けることを志向する意見が述べられています。

もう一つの史料は、第五次案、すなわち労働省試案について、労働法学者が意見を表明したものです。これは、GHQ側の英文史料としても存在しますが、法律時報21巻5号(1949年)54頁に元の日本文が掲載されています。意見の日付は3月28日、すなわち、法案転換が起こり、第八次案がGHQから提示された時期のものです。草案作成への影響という意味では、「空振り」に近い側面があります。日本語の文献として利用が容易と考えられますので、こちらの内容については、法律時報をご覧いただきたいと思います。なお、補足しますと、同意見は、結論は示されているのですが、理由はほとんど示されていません。また、一部、日本語のものと、英文史料に不一致がありますのでご注意ください。

渡辺章（労委協会）　今の末弘先生の意見書は、英語で書かれているのですね。記録に残しておいたほうがいいと思って発言しますが、第五次案の直前というか、そういう位置ですね。

竹内（奥野）（早稲田大学）　史料そのものには、誰がこの文書を作成したとか、いつ作成された文書であるとか、そういう記載は全くありません。ですので、末弘博士がいつこの意見を述べたのか、あるいは、いつこうした文書になったのかはわかりません。

ただ、内容上、1月17日にGHQに提出された第三次案への意見であることは、私としては確定できます。ですので、少なくとも1月17日以降に意見が述べられ、ないしは文書として作成されたものだと思われます。

4　統一的労働条件決定システム

● 労働組合の交渉力強化との関係

土田（司会）　では、竹内報告に二つ目の質問です。近藤昭雄会員から次のような質問をいただいています。一点目は、「報告で言うところの交渉力とは、どういうものでしょうか」、もう一点は、「統一的代表制度を設けることが交渉力の強化につながるとのご見解のように理解したが、現実的にそのように言えるのでしょうか」という二点の質問です。近藤会員、何か補足がありますか。

近藤（中央大学教員OB）　交渉単位の問題にばかりこだわって申し訳ありません。竹内会員のご報告のまとめの部分でお聞きしたように思ったので、重ねて質問します。交渉力のためには、統一的な労働条件決定のシステムを作ることが必要であるということと、そのために交渉単位制を一定程度考えるべきではないかというのが、まとめの趣旨だったと理解しましたので、そのような理解でよろしいのかということと、もしそうであれば、そこで言う交渉力とは、どのようなものとしてお考えなのかをご説明願えればということです。

竹内（奥野）（早稲田大学）　報告の中で、私は、交渉力の強化という観点からは、使用者と統一的なかたちで労働条件交渉を

行うことの意義が，こんにち，ある意味，見過ごされているのではないかということを申し上げました。

その具体的なかたちの典型例は，交渉単位制度，交渉代表制度でしょうから，こうした制度が必要であると聞こえる報告であったとは思います。

もっとも，十分考えを詰め切れていませんが，交渉単位制度，交渉代表制度と完全互換とは言えませんが，発想として共通する制度としては，労働協約の拡張適用制度があります。私が申し上げたかったのは，こうした制度等を含め，統一的に労働条件を決める仕組みが，労働者の交渉力の向上・強化になるのではないか，ということについて，改めて考えてみるべきではないかということです。

この観点からご質問の一点目にお答えしますと，私は，「交渉力」として，多くの労働力をコントロールしていることを念頭に置いています。交渉力としては，関係する情報にどれだけ通じているか，といったこともあると思いますが，もともと，個々の労働者が個別に労働力の取引について交渉していたのでは使用者に対する立場が弱いので，集合的，集団的に取引を行うかたちで労働組合が発展し，また，労使関係法も発展してきたのだと思います。すなわち，使用者としては，労務提供してもらうことに合意が得られず，多数の労働力が利用できなくなると，操業ができなくなり困るので，労働者側の要求に耳を傾ける必要が出てくるということだと思います。このことを踏まえて，交渉力として，多くの労働力をコントロールしているか否かを念頭に置いています。

そのうえで，統一的な代表制度を設けることが交渉力の強化につながるということが現実的に言えるのかというご質問の二点目については，非常に厳しいご指摘をいただいたと考えております。近藤会員がご指摘されるように，労働者の多数を組織している協調的な企業内組合が，容易に労働条件の切り下げに応じてしまう状況では，これに反対する少数派にとっては，交渉力の強化をもたらしていないではないかといった疑問は，理解できます。

ただ，労働者が複数の集団に分かれている状況は，GHQ勧告が述べていますが，使用者がいわば各個撃破することが可能になる状況でもあります。労働者全体として見た場合に，こうした状況が交渉力上良い状況かどうかは，やはり考えてみる必要があると思います。また，多数派が労働条件の低下に応じてしまうことについては，使用者の影響ということもあろうと思います。その意味では，労働者側に対する使用者の妨害とか干渉の防止についても適切な手当てをするといったことと併せてはじめて，多数決による決定が，交渉力の強化につながっていくのだと思います。

多数を組織する統一的な代表制度を作るということは，交渉力の強化を可能とする条件であると考えますが，他にも必要な条件があるのではないかにつき，なお慎重な検討が必要と考えているところであります。

近藤（中央大学教員OB） こだわって，恐縮ですが，竹内会員，要望を一点だけ言

っておきます。今，合同労組辺りのレベルでは，交渉単位制の問題について，相当程度，神経質になっています。そして，交渉単位制度導入については，大きな論点がいっぱいあるだろうと思います。ですから，その当否の検討については，ぜひ，慎重になっていただきたいと申し上げておきたいと思います。

竹内（奥野）（早稲田大学） 本報告は，立法史の観点からということで，特にそのような観点からは考慮せず報告しましたけれども，今後，さらにこの問題について考えていく中では，近藤会員がご指摘の点も，慎重に考えて検討していきたいと思います。

土田（司会） 今，竹内会員自ら言われましたけれども，今回は，立法史研究という枠組みの中で報告されたわけです。24年労組法に至る議論の過程では，交渉単位制を含めて，さまざまなアイデアが浮上しました。そのことを踏まえると，交渉単位制は一つの選択肢にはなり得るけれども，ワン・オブ・ゼムにすぎないのであって，最終的にどう選択するか，またどう選択すべきかは，当然，今後の議論だというのが竹内報告の趣旨だと思います。

● 一般的拘束力制度との関係

土田（司会） 竹内報告への三点目の質問ですが，濱口会員からいただいています。「24年改正では，事業場単位の一般的拘束力制度と排他的交渉代表制が相補的に捉えられていたとのことであるが，この考え方，いわば統一的労働協約システムは20年法から存在したのか否か。それとも並立型，共存型システムだったかどうか。また，24年改正で交渉単位制なき統一的労働協約システムが暗黙に導入されたと見るべきか。そうだとすれば，それはいつ放棄されたのだろうか」という質問です。補足があれば，お願いします。

濱口（労働政策研究・研修機構） 竹内会員の報告のタイトルは，「統一的労働条件決定システム構築の試みと挫折」とあります。法案転換によって排他的交渉代表制が放棄されたことを「挫折」と呼んでいるのだと思いました。しかし，ここで放棄されたのは，アメリカ型の排他的交渉代表制であって，統一的労働条件決定システム自体は挫折したのか。

4頁の上のほうに，「拡張適用の機能を交渉単位及び交渉組合制度と代替的なものとして捉えていると解し得る」と書いてあります。もし，そのように解し得るのであれば，アメリカ型ではない統一的労働条件決定システム，つまり事業場単位の一般的拘束力による統一的労働協約システムをなお維持しようとしていたと解していいのかどうか。20年法自体がそうだったのか，それともそうでなかったのか。24年法がもしアメリカ型ではない統一的労働条件決定システムであったとすると，それはいつ挫折したのか。これが私の質問です。

統一的労働条件決定システムという意味では，アメリカモデルだけではなくて，フランスの1950年法のようにどの組合との協約でも全被用者に適用されるという仕組みもあるし，ドイツのように判例法理で協約単一性原則でやるのもあります。

そのほうが普通の考え方だとすると、日本がそうでなくなってしまったことのほうが異例ということになります。それを「挫折」と呼ぶのであれば、その挫折は、いったいどこで起きたのか、本当に法案転換のところでその挫折があったのだろうかというのが私の聞きたいことです。

竹内（奥野）（早稲田大学） 私が「挫折」とタイトルを付けたのは、交渉単位制度の具体的な規定が消えてしまったことを念頭に置いています。とはいえ、濱口会員がご指摘されたことも踏まえて、24年法段階で「挫折」と呼んでよいのかということは、改めて検討し直したいと思います。

そのうえで、ご質問の点ですが、まず、20年法の段階ではどうかという点です。20年法の立案に関与した人々の間には、交渉代表制度と拡張適用制度の機能が代替的なものとして捉えるという考え方は、なかったのではないかと推量します。20年労組法の内容は、アメリカを中心とするGHQからの指示によるというわけではなく、また、20年法の起草段階で、交渉代表制度が議論されていた形跡は、私が現在調べた限りではなかったと思われ、交渉代表制度の観点から議論されていた形跡が見当たらないためです。関連して、労働組合運動が急激に再興していったのは、20年労組法ができた後であって、交渉単位の話の中でしばしば問題になるような組合の分裂とか対立は、そもそも20年法の段階では念頭に置かれていなかったのではないかと思います。

ですので、20年法の立法担当者の考え方として、交渉単位制度のような統一的な労働条件決定制度を拡張適用制度で代替するという考え方はなかったのではないかと思います。もちろん、代替的であるとの認識がなくとも、拡張適用制度を統一的な労働条件決定制度と位置づけていた可能性は、別途あろうかとは思います。ただ、工場事業場単位のもので申しますと、4分の3という要件は、かなり限定的、例外的な制度であると思われます。また、他組合が拘束されるかが明確にされていなかったという点もございます。

24年法の立法過程では、報告で申し上げたとおり、GHQは、交渉代表制度と拡張適用制度が、機能的に共通していると捉えていたと考えられます。

最終的に24年労組法が成立していった中で、交渉単位制度によらず、労働協約の拡張適用制度による統一的な労働条件決定制度が導入されたのかということについては、起草段階からそうであったかは、わかりません。

ただ、報告で触れたとおり、国会対策向けの予想質疑では、「他の組合の労働協約は効力を停止する」と述べられており、多数派の労働組合の労働協約が他組合にも及んでいくという考え方を前提としていたと解することができます。

ここからは、労働協約の拡張適用によって労働条件を統一するシステムは、24年法のもとで一応残ったと読み取る、あるいは解釈することは可能だと考えています。ただ、過半数ではなく4分の3であるなど、かなり例外的なものであると言えます。

このように考えた場合には、これがその

後いつ挫折していったかという問題となりますが、これは、労組法17条の一般的拘束力が他組合に及ぶか否かについての裁判例の状況や、学説史の問題であると考えられます。学説についていえば、昭和24年労組法改正直後の学説には、他組合の組合員への拡張適用を肯定するものが少なからずあり、しかし、こんにちでは否定説が多数説になっているので、どこかの時点で、「挫折」をもたらすかたちに変化したのだと思います。

今回の報告ではこうした点の検討はできていませんので、学会誌に掲載する際に、改めて検討したいと思います。ありがとうございました。

中窪（一橋大学） 補足みたいなことですけれども、交渉単位制を取らず、代わりに協約の拡張適用で労働条件の統一をはかるというのも、もちろん一つの考え方だと思います。ただ、その場合、20年法にもう少し規定を加えてしっかりした制度を作り、疑問の余地を残さなくするという選択肢は、当然あり得たはずです。

しかし、実際には、法案転換で突然に方針が変わり、時間もなくて、元の規定が復活しただけで終わってしまった。そこに、立法として挫折があった、あるいは、後の挫折の種がまかれたのではないかと、私は思っています。

濱口（労働政策研究・研修機構） 20年法のときは、当然のことながらアメリカ法をベースにしてはいないので、両者を代替的なものだというふうには考えていなかったと思いますが、まさに先ほどの報告資料の中で言われていたような統一的な労働条件の決定システムだという認識があったとすれば、それは、24年改正につながるものであったと言えるのではないか、という趣旨です。

中窪会員が言われた、20年法と全く変わらない規定にとどまったということにしても、その意味をどう理解するかで若干意味合いが変わってくるという感じを受けました。

竹内（奥野）（早稲田大学） 一点だけ補足します。20年労組法の立法過程において、末弘博士は、アウトサイダーが協約から逸脱することを許さないという考えであったわけですが、今の点は、このアウトサイダーに、他組合の組合員も入るかどうかという問題だと思います。

5 不当労働行為救済制度

● 立法過程と今後の方向性

土田（司会） それでは、中窪会員への質問に移ります。四点の質問をいただいています。

一点目は、豊川会員からの質問です。「日本的な不当労働行為救済制度の対策の方向をどのように考えておられますか」。より具体的には四点。「1．司法救済との関係。例えば、五審制から三審制、もしくは四審制。2．審問と訴訟の中間形態としての迅速な証拠調べ。3．一層の専門性の充実。4．労働裁判の専門化への要求」。

具体的な質問をいただいていますが、中窪会員には、午前中、ちょっと時間の制約

があり、最後は少し急いだので、不当労働行為の問題について、立法研究を踏まえて、どのように把握され、評価されているかも含めて、少し補足をお願いします。その前に、豊川会員から何か補足があれば。

豊川義明（弁護士・関西学院大学） 特に、労働委員会の審査の迅速化という方向であるならば、この頃、中労委は、ほとんど証人調べもやらずに判断するようになってきている（勿論事案によっては証人調べもしていますが）と思います。ですから、裁判所は専門性を持たないので、もう地裁は要らないと私自身は考えています。

また、労働裁判そのものの専門性を強化するためには、少なくとも労働参審制を考える以外にないのではないかと今考えています。中窪会員のご意見はどうなのかと思っています。

中窪（一橋大学） 本日、私は、立法過程を詳しくご紹介したうえで、最後の部分では、実体規定について、もう少し何か考えられないだろうかということをメインにしました。手続き的な問題については、時間の関係もあり、あまり触れておりません。

そういうところで、今、豊川会員から手続き面について質問をいただきましたが、これはもちろん大変重要な問題です。司法救済は、裁判所に直接民事訴訟を起こすわけで、アメリカでは、これが認められていませんが、日本では認められており、そのことが労働委員会の権威を低くしていることは確かだと思います。しかし、今の段階でそれを本当になくすことができるだろうかというと、私も、そこまで言う自信はありません。

また、命令の司法審査における五審制の問題については、私は、審級省略をして、少なくとも中労委に行ったものについては高裁に行くようにすべきだと思います。また、労働委員会での手続きについても、専門的なスタッフを養成して専門性をもう少し高め、かつ役割分担をして、てきぱきと手続きを進めるべきだろうと考えています。

実は、私が初めて学会で報告したのは1988年で、もう26年前ですけれども、そのときに、労働委員会の救済手続きについて報告をしました。学会誌で言うと、第72号に「行政救済と司法救済」という特集がありますが、その中で、私は「救済システムとしての労働委員会」というタイトルで、アメリカ法との比較に基づいて検討を行いました。その最後のところで、一方では、労働委員会の法的な判断について権威と機能を高める必要がある、他方では、行政機関としてのイニシアチブをもう少し活用すべきであるということで、いくつかの提言をしています。

2004年の労組法改正があったのちも、そこで言いましたことはほとんど変わらずに今のテーマとしてあるように思うので、できれば、そちらを参照いただければと思います。不十分な答えで申し訳ありませんが。

● 不当労働行為主体としての「使用者団体」の意義

土田（司会） 中窪会員への二点目の質問です。川口会員からいただいています。「不当労働行為の主体として、第四次案で、

『又はその団体』が加わり，第八次案で消えた点について，どのように分析されているかお教えください」ということです。比較的共通する質問を濱口会員からもいただいています。「第四次案から第七次案において，不当労働行為の主体として使用者の団体が含まれていたのは，企業を超えて産別組合（産業別労働組合）の産業団体への団交要求を想定していたのでしょうか。第八次案が，それに加えて，地域的・一般的拘束力を復活させたと解されますか」という質問です。

中窪（一橋大学） 報告の中で十分に触れられませんでしたけれども，レジュメにあるように，確かに，第四次案から不当労働行為の主体として「使用者の団体」が加わっています。そして，これは第七次案までありましたが，第八次案以降は消えています。

なぜこれが入ったのかということについて，まだ研究ができていません。ただ，個々の使用者ではなく，使用者団体が組合員の解雇や支配介入を決定し，使用者を通じてそれを実行するときに，個々の使用者のみならず，その背後にいる使用者団体まで捉えようとしたのではないかと想像しています。

濱口会員のご質問では，団体交渉の相手方として産別組合の産業団体への団交要求を考えていたのではないかということでしたが，私は，これは全く考えていませんでした。指摘をいただいて，なるほど，そういうこともあり得るのか，と思いました。ただ，不当労働行為全体の中で，この団交の問題がどのくらいの重みを持っていたのかは，ちょっとわかりませんので，また検討してみたいと思います。

なお，第五次案には「使用者団体」が入っていたわけですけれども，公聴会などでは，これに対して，例えば，使用者の側が反対することはなかったようです。逆に，労働者の側から，使用者だけではなく第三者の不当労働行為も禁止すべきだという意見が，けっこうありました。つまり，使用者が暴力団などを使って組合潰しをすることがあるので，そのような行為も禁止せよということで，多分，これは処罰せよということにもつながると思います。

ちなみに，もう一つ，不当労働行為に関する使用者側の意見としては，「労働組合側の不当労働行為も作れ」という意見が多くて，これはアメリカのタフト・ハートレー法をにらんだ主張だろうと思います。

また，第八次案で消えてしまったのはなぜかという点ですが，要するに，先ほどの法案転換で，GHQからそういうかたちで出てきたということです。理由は想像するしかありませんが，アメリカでは「使用者」とだけ書いてあって，「使用者団体」というのはないので，それが消えてしまったのかもしれないというのが一つです。もう一つは，もともと20年法が「使用者は」と書いていて，やはり「団体」はありませんでした。ですから，アメリカの背景と日本の背景の両方の側面があり，どちらが強いのかはよくわかりませんけれども，その二つのことが考えられるのではないかと思います。

シンポジウムの記録

土田（司会） では，川口会員，補足をお願いします。

川口美貴（関西大学） 今のお答えについてですけれども，現行の「第6条」の場合だと，「使用者又はその団体」が団体交渉の相手方であり，労働協約の相手方でもあり得るということは明らかだと思います。

そうすると，使用者団体は団体交渉の相手方にはなってくるけれども，それを拒否した場合に，それは不当労働行為としての責任は問われないので，裁判所で損害賠償とか地位確認だけができると解すべきということでしょうか。

あと，20年法では確かに「使用者」という言葉になっていますけれども，20年法の場合は，基本的に不利益取扱いに関する規定で，団体交渉を想定した規定ではないので，「使用者」というのもわからないではありません。その点についてどう考えているのかをお聞かせください。

中窪（一橋大学） 私自身は，団体交渉の拒否が不当労働行為に入って来たことと絡めて使用者団体を考えていなかったので，これについては考えていきたいと思います。24年法で使用者の「団体」という言葉が入ろうとして消えてしまったことが，新しい，より拡大された，団体交渉も含む不当労働行為の中で，どういう意味を持つかということですね。

川口（関西大学） あと一点ですけれども，富永会員の先ほどのお答えの中でも，使用者概念は条文によって異なり得るということが出ていました。また，それについて議論があったわけでもなかったということでした。そうすると，使用者概念が労組法の各条文又は各号により異なり得るとすれば，例えば，労組法第7条の「使用者」は，使用者のみならず使用者団体も含めて解することも可能でしょうか。

渡辺（労委協会） 20年組合法には，労働組合またはその代表者は，使用者またはその団体に対して団体交渉を持ち込むことができるとされています。つまり，「使用者の団体」が団体交渉義務を負う主体として規定されているので，24年法で抜けたといっても，「使用者団体」を積極的に除外する意味と直接つながるわけではないと思いますが，そういう考えでは不十分でしょうか。

中窪（一橋大学） 20年法で，団体交渉の権限のところで使用者の「団体」が出てくることは，おっしゃるとおりです。他方で，11条の解雇・不利益取扱い，黄犬契約のところでは，主体は「使用者」になっており，そこがちょっとずれているということです。私が先ほど言ったのは，不当労働行為の禁止という点から見ると，20年法が「使用者」だったのが，結果的に維持されたということです。

そのうえで，今度は団体交渉の相手方として使用者団体をどう考えるのか，団交拒否が不当労働行為になる使用者なのか，という話になるのだと思います。7条2号で「雇用する労働者」というのが出てくるので，なかなか難しい気がしますが，交渉権限の委任があれば，可能かもしれません。

● 司法手続との関係

土田（司会） もう一点，濱口会員から中窪会員に重要な質問をいただいています。「中窪会員は，『異常に増殖した裁判所手続規定』という表現を書かれましたが，それが消えてしまったことが不当労働行為の解決期間の異常な延長，言い換えると，かつては厳格な期間制限を課していたわけですが，解決期間の異常な延長をもたらしたのではないでしょうか」という質問です。

中窪（一橋大学） 先ほど「異常な増殖」と言ったのは，第五次案は，実体規定を除いた手続き規定だけで7カ条でしたが，第六次案は18カ条，第七次案も同様ということで，公聴会にかけたあとで内部で検討したときに，裁判手続きの規定が非常に多くなったことを非難する趣旨で言いました。

これについては，確かにやむを得ない面もあります。いろんな手続きを定めて，それを正確に条文のかたちで規定しようとすれば，ある意味，長くなるのは当然です。アメリカの条文も随分長くて，ボリュームがあります。

ただ，私は，だらだらと長い文章がもともと嫌いで，法律も短くて明確なほうがよいと思っています。そのうえ，今回は，いろんな条文の変遷をたくさん調べました。ここで言うのも何ですけれども，これは大変な作業でありまして，本当に必死になってやっているときに，前の条文では7カ条だったものが18カ条になっていると，もう許しがたい気分になります（笑）。それが一番大きいと思います。

ただ，そうはいっても，第六次案，第七次案までは，労働委員会の救済命令の内容もまあ普通に書いていますし，労働委員会が裁判所に認証を請求し，事実認定の拘束力もあるし，新証拠の提出制限もあるので，行政救済のシステムとして，それなりに理解できる規定になっています。労働委員会だけではなく，裁判所も含めて，むしろ裁判所に持っていくことを義務化して，全体を一定の枠内で迅速にやろうというのは，濱口会員ご指摘のように，十分に成り立ち得る一つの考え方だと思います。

ですから，私は，むしろ，第八次案でそれを一度，非常に簡素化したあとに出てきた第十一次案が，とても残念な気がします。これによって，救済命令は行政救済の意義を全く感じさせない規定になってしまいましたし，労働委員会による訴訟もなくなって，受け身に取消訴訟を待つしかなくなりました。しかも，事実認定も新証拠の提出も何もなくなってしまいました。司法官僚の影響が大きかったのであろうと想像していますが，決定的な変化はここでした。

もし，労働委員会が主体となって不当労働行為制度を運営する，これこそが中心的な存在だということを明確にし，労委が裁判所に行ってエンフォースもできるという仕組みになっていれば，その後の日本の不当労働行為制度は随分変わったと思います。結果的に，あまり迅速ではなくなった可能性はありますが，もう少し違った可能性があったのではないかと思っています。

濱口（労働政策研究・研修機構） ありがとうございます。確かに，労働組合法という法律の中に司法手続についてごちゃご

ちゃと書いてあるのは，労働側から見ると，うんざりするというのはよくわかります。しかし逆に言うと，これがあっさりし過ぎてしまったために，司法官僚からすると，「俺たちは俺たちでやるんだぞ」という自由を与えてしまったことになるという印象を持っています。

不当労働行為制度が，これだけ迅速な手続きになり得たはずなのに，その後の非常に長々しい五審制になってしまう種がまかれたという趣旨で申し上げました。

中窪（一橋大学） そこの点はおっしゃるとおりなので，学会誌に書くときは，気を付けたいと思います。また，仮に，私の考える理想的な規定ができたとしても，報告でも言いましたけれども，三者構成の労働委員会で，かつ，公益委員が法律の専門家ではないという中で，果たしてうまく行ったかどうか。裁判手続きももちろん違うわけで，本当に行政救済として有効に機能し得たかどうかはわからないところがあります。

そういう意味では，どういう規定が設けられても，結果的に日本的な紛争解決的なアプローチがとられ，将来の健全な労使関係を作るのを労働委員会が手助けする，という方向に進んだ可能性はかなりあると思います。

●直罰主義から行政救済制度への転換の理由

土田（司会） それでは，中窪会員への最後の質問です。宮里会員から，中窪会員と野田会員のお二人への質問です。「昭和20年法の直罰主義が，昭和24年法で行政救済に制度改正された立法理由は何か」。また，これは主に野田会員だと思いますが，「野田報告にあった直罰主義下の処罰請求件数や有罪件数からは，直罰主義は不当労働行為救済機能を十分に果たさなかったと言えそうな気がするが，そういうことなのか。処罰件数や有罪件数は少ないが，処罰主義を背景に，不当労働行為救済は，労使の交渉などによって実現したのではとも推認されるが，実態としてはどうだったのであろうか」。

また，これは宮里会員の意見ですけれども，「不当労働行為救済において，迅速かつ的確な解決は重要であるが，原状回復を踏まえて団結権保障ルールを再構築するというスタンスが忘れられてはならない。これは意見です」ということです。では，まず中窪会員から。

中窪（一橋大学） 20年法のもとでの直罰主義の運用については，前の学会報告のときにも書いていますが，確かに数字を見ると，処罰請求をして，実際に起訴されて有罪まで行くのは，ほんの僅かです。しかし，労働委員会のほうで，例えば，解雇であれば，原職に戻して賃金も払うということを使用者に勧告し，もし自主的に応じれば，そこで矛を収める，応じないときには，こういう権限を実際に行使する，というかたちで，実質的な救済が図られたと言われています。これが実際上，どの程度有効に機能してきたかは，本当にわかりがたいところですけれども，この数字よりはかなり大きな役割を果たしていたと思ってい

もちろん、どうしても使用者が「うん」と言わないときには、有罪になったところで解決はせず、もう一つ民事訴訟を起こして、地位確認などをしないといけないという点はあります。GHQ勧告で指摘されているとおりです。

しかし、日本の中の内発的な認識として、「確かに今の状況は問題だ。行政救済を入れるべきだ」という内発的なモメントがあったかというと、私はなかったのではないかと考えています。以前、私の恩師である石川吉右衛門先生に、「行政救済の意義は、こういうふうに言われていますけど、当時の感覚としては、どうだったのでしょうか」と聞いたところ、「そんな意識は全くなかったね」と言われました。

むしろ、ワグナー法があるアメリカが日本を見たときに、「我々と全く違う刑罰というシステムを取っている。何て野蛮なんだろう」と考えたというのが、正しいのではないかと思います。アメリカ自身、1935年まではろくな労働法を持っていなかった国ですから若干心外ではありますが、恐らく、それが昭和24年法の一番の背景だったような気がします。

従って、最初の「直罰主義が行政救済に改正された立法理由は何か」というのは、やはりアメリカからの押し付けというか、そういう圧力が一番のポイントです。しかし、向こうにすれば、より遅れた労働法を持っている日本を近代化してあげようという善意があったことも確かだと思います。どこまでそれが正しかったかは、意見の分かれるところだと思いますが。

野田（九州大学）　少しだけ補足的に言いたいと思います。妙なことから言うようですけれども、この辺の分野は中央と地方の情報格差を感じざるを得ません。つまり、先ほど言ったように、不当労働行為の処罰請求は地方労働委員会しかやりませんでした。そうすると、あまり情報が入ってきません。

いろんな地方の事件も挙がっていますけれども、地方のものも、調整事件と判定事件が結構混在して挙がってきているような取り扱われ方をしています。ですから、今のわれわれの認識のように、判定というものが、紛争解決の、むしろメインの柱だという理解は、それほどなかったのではないかと思います。

今日は持ってきていませんが、昭和22年に中労委の職員がブロック別に全国にインタビュー調査に行って、いろんなところでヒアリングをしてきて、座談会をしている史料が中央労働時報にあります（「労働委員会に関する懇談会」中央労働時報27号3頁）。記憶だけで申し訳ありませんが、そこでは、不当労働行為についての捉え方は、県ごとにまちまちだと語られていました。

また、今、宮里会員が質問されたことに直接かかわるかもしれませんけれども、特に賃金関係については、使用者も処罰請求をされたら困るので、処罰請求の前の段階で組合と話し合って、一応の解決をつけてしまいます。そのために、提訴まで行くのは少ないということがあったと思います。それが一つです。

もう一つは，これも記憶だけで申し訳ありませんが，GHQ などが指摘していたように，「『2・1スト』のあと，労働組合の考え方と労働委員会の中での取り扱い等に，だいぶずれが生じてきて，労働組合の労働委員会に対する不信感が生まれてきた」という指摘もあったように記憶しています。そのために，そもそも提訴まで持っていく動きは少なかったと考えられます。

おっしゃるように，有罪判決14件では少ないとはいえ，こういう制度があることによって一定の機能が果たされ，一罰百戒的な役割があったというのは，そうだろうと思います。ただ，あのままそれが維持されていて，その後どうなったかということになると，やはり維持できなかったのではないかとも思いますし，難しさがあったのではないかと思わざるを得ないところはあります。以上です。

宮里邦雄（弁護士） 私の大先輩で，もうだいぶ前に亡くなりましたが，産別の書記局にいて，弁護士になった東城守一先生という方がいらっしゃいます（全逓東京中郵事件の主任弁護人）。東城先生は，昭和20年代の不当労働行為の救済申し立てを書記として何回も書いたと言っていました。「どういうことを書いたんですか」と先生に聞いたら，要するに，「『不当労働行為だから，撤回をして現職に戻せ』なんて書かなかった。『本件不当労働行為は悪質により，厳重に処罰されたし』という申し立てをしたんだ」と言っていました。情報としてお伝えしておきます。

土田（司会） ここで中窪会員への質問は終了したので，司会を交代したいと思います。

（休憩）

● 労使委員の意義

野川（司会） よろしいでしょうか。シンポジウムを再開します。野田会員に対してもう一つ質問が出ているので，まず，それから対応したいと思います。

豊川会員からの質問です。「考えておられる総合的紛争解決システムの中で，判定における労使の利益代表制は意味がありますか。労働審判制における中立・公正の立場との比較においてなど」ということですが，豊川会員，何か補足はありますか。

豊川（弁護士・関西学院大学） 野田会員も「6．むすび」のほうで書いておられて，字数の関係もあり，恐らく十分に展開されていないのかと思いました。それだからということではありませんが，労使の参加する労働委員会というか，いわゆる斡旋・調整の問題について，労使の利益代表が参加し，斡旋し，調停することは，確かに意味のあることだと思います。

しかしながら，審査・判定機能となったときに，労使の利益代表が審査に参加し，公益委員会議の前に意見陳述をやっています。そのようなかたちが実際の公益委員会議の判定・判断にどの程度の影響力を持っているのかは，私もわからないところがあります。

労働審判制度を作ったときに，団体から選出としたうえだけれども，労使のほうから中立・公正の立場で判定し，審判に参加

してもらうことになりました。現実の問題として，これは非常に高い評価を得ています。そういう点から見て，野田会員は，「社会状況の変化によって多様に変動し得る所掌事務・組織構成は，相対的である」と言っています。これは改革の問題につながりますが，労使委員のこれからの判定における役割の在り方として，果たして利益代表でいいのかどうかということを考えています。そこで，質問をさせてもらいました。

野田（九州大学） 先ほどの近藤会員の質問ともかかわりのあるところですけれども，労働委員会のシステムは，その実体法の不当労働行為制度とか，もっと大きく，労使関係をどのように発展させていくかということによって，むしろ労働委員会という制度のほうが変数になって変わっていくのだろうと考えます。

20年労組法と24年労組法が大きく様変わりしたのも，まさしくそこに込められている目的が違うからです。そういう意味では，労働委員会制度の在り方あるいは目的を固定的に考える必要はなく，相対的に考えていいのではないかということをまず申し上げたいと思います。

そこで，今から振り返るならば，20年労組法に見るような非常に柔軟で幅広い労働委員会の役割は，むしろ現在の労働委員会の制度の在り方を示唆しているのではないかと思ったわけです。事実として，多くの道府県労働委員会は，個別労働条件まで関与して，幅広い事務を作り出しています。そういう意味で，むしろ20年労組法の在り方を見直していいのではないかと思いました。

そこで，総合的紛争解決システムについては，私は，報告の中ではそういう考え方を申し上げていませんが，以前からいろんなところで報告をしたり書いたりしています。一言で言うならば，イギリスのACASモデルのような，つまりACASの最初の「A」は「アドバイザリー」であり，個別労働紛争の労働相談も含めた総合的な紛争解決システムが，今の日本の労働委員会の進むべき方向ではないかと思っています。

むしろ労働委員会を労働組合法から切り離して，独立させて，個別紛争も組み込むような労働委員会法を作り，そこで総合的な紛争解決にしたいという我田引水の見解でまとめをしようと思っていましたが，それができなかったので，今申し上げるわけですが，最終的には，そういうことでまとめたかったわけです。そうした意味で，総合的紛争解決機関と申し上げました。

「労使の利益代表制は，どういう意味づけになるのか」という質問ですけれども，これは，ご承知のように，「労働審判法第9条第2項」に，「労働審判員は，労働関係に関する専門的な知識経験を有する者のうちから任命する」という規定があるだけで，労使の立場というのは全く考慮されていません。

一方で，労働委員会のほうは，「使用者を代表する者を『使用者委員』と言い，労働者を代表する者を『労働者委員』と言う。公益を代表する者を『公益委員』と言う」というように，24年労組法以降，公・労・

使がそれぞれ何を代表するかが明確に決められています。

そのように，労働委員会では，規定上，それぞれの利益を代表するということです。私も労働委員会を20年ぐらいやっています。その中での経験的な疑問ですけれども，利益を代表するとは，いったいいかなる利益か，使用者側が代表する，あるいは労働者が代表する利益とは，いかなるものかと思います。

一つの考え方としては，労働組合が紛争当事者たる労働組合あるいは労働者の個別利益を代表して発言し行動するということなのか，それとも，むしろ一般利益というか，労働者としての立場から見る利益を代表するのかということでして，個別的利益と一般利益みたいなものをどう考えるかによって違いが出てくると思います。

私の経験的な考え方からするならば，それこそ県によって違いがあるのかもしれませんけれども，私が知る限りでは個別利益ではなくて，むしろ一般的な利益を代表されていると言えようかと思います。

現状でも，労働者側の委員になっている人と紛争を持ってきている多くの人たち，特に合同労組の多くの方とは，多分，個別利益の点ではあまり一致しているところは少ないと言えるかもしれません。そういう意味でも，特に，労働者側委員は労働者側の一般的な立場として発言し，使用者側は使用者側の一般的な利益として発言し行動することになっていると思います。

ですから，先ほど，「参与委員の意見陳述はどういうことか」という質問がありましたが，これは県によって本当に違います。多くの労働委員会で調べたことがありますが，非常に違っていました。

私の属する福岡県では，規定上，許される最大限の重視をするということで，結審が終わったあとに一般的な意見を聞きます。つまり，命令の合議に反映させることのできる時期ということです。結審のあとに意見を聞いて，話し合いをして，各争点ごとに，「これはどうですか」ということで，参与委員の判断を言っていただきます。さらに，合議が始まる直前に，正式な参与委員の意見陳述をしてもらうようにしています。そのときも，まだ合議が始まる前なので，結論は出ていません。そういうかたちで最大限生かせるようにしているつもりです。

しかし，ほかの県に行くと，「へえ，そんな面倒臭いことをするの？」と言われることもあるので，その辺は非常に違います。ですから，地方別に労働委員会のシステムが成り立っているので，在り方も非常に違います。それはそれでいいのでしょうけれども，そういうことです。

まとめて言うと，おそらく労働委員会の現状としては，利益を代表するとしても，むしろ一般的な利益を代表するということなので，そういう意味では非常に公正な，むしろ中立的な判断をされているのが実態ではないかと思います。

私は，諸外国の紛争解決機関も見に行ったことがありますけれども，国によってもだいぶ違うという実感を持っています。個別の当事者のそばに付いて，当事者を補佐

していろいろ世話を焼くような参与の在り方もあると思いますが，日本の場合には，かなり一般利益的な活動をしているのではないかと思います。

6 戦後直後型労働運動について

野川（司会） 最後に，仁田先生に対する質問です。豊川会員からの質問です。「経費援助，協約自動更新禁止の次官通達が対象にした戦後直後型労働運動は，中小企業や官公労（日本官公庁労働組合協議会），公労法（公共企業体等労働関係法）下の国鉄，自治体など，労働運動に残存している1960年代から1970年代と思われますが，どうでしょうか。かつての総評（日本労働組合総評議会）運動の中に」ということですが，豊川会員，補足をお願いします。

豊川（弁護士・関西学院大学） 私は，1971年（昭和46年）に弁護士登録をしました。その意味では，もちろん昭和20年〜30年代に活躍をしておられた東城守一弁護士のような立場にはいませんが，1970年代，1980年代の初めの頃には，時間内組合活動の問題とか，例えば当時の全国金属（全金）という労働組合などでは，使用者からお金を取って，書記長が組合専従になるという紛争などもまだまだありました。

それで私も，1970年代には時間内組合活動で，先生が指摘された昭和23年の通達，次官の通牒の関係もいろいろ見ながら勉強しました。

その意味で，ここで指摘されている昭和24年の労組法改正過程におけるアメリカモデルうんぬんというかたちでの相克と書かれた部分を労使関係論から見ていくことは非常に意味のあることでもありますし，大変勉強になりましたが，そのあとの歴史的な部分のところで，先生の意見をもう少しお聞きしたいと思い，質問をしました。

仁田道夫（国士舘大学） 戦後直後型労働組合は，なかなか説明しづらいところがありますが，総評などとは比べものにならないくらい強い力を持っていました。

私の先輩で，戦後直後型労働組合の研究を熱心にされた山本潔先生という方がいますが，山本先生が戦後直後型労働組合の代表選手だと考えたのは，読売新聞の労働組合です。多分，日本で一番初期に労働組合を結成し，第一次読売争議をやりますが，そのときにできた労働組合が典型的な戦後直後型労働組合だと言えると思います。

藤田若雄先生のところで紹介しましたが，この組合が何をやったかというと，まず，生産管理です。ストライキではありません。新聞を生産管理するとはどうするかというと，勝手に新聞記事を書いて出すという運動です。もう一つは，戦犯的幹部の追放です。実際に正力松太郎を追放しました。そういう運動です。

第一次争議は組合側の勝利に終わりますが，その結果，何をやったかというと，委員長だった鈴木東民が編集局長になります。だから，組合管理の新聞経営です。事実上，経営を乗っ取ってしまったという状況です。

ですから，今の読売新聞の幹部は，当時の読売新聞を読むと，忸怩たるものがあるのではないかと思います。しかし，縮刷版

は残さざるを得ません。しんぶん赤旗の大衆版みたいな新聞を読売新聞が出していました。それはあんまりだというので、多分、GHQの新聞課の干渉が入り、第二次争議が起きて、組合が潰されることになったのだろうと思います。

極端な例ですけれども、そういうのがごく自然に、モデルになるような労働運動でした。つまり、経営占拠的で、一面で経営癒着的で、経費は全部会社持ちでやります。部長だろうが課長だろうが、上のほうまでみんな組合に入っています。経営者側は、ほんの一握りしかいません。だから、事実上、その人たち抜きには会社の経営ができないという状況ができてしまいました。

立法史研究によると、20年法は非常に柔軟というか、あまり規制がなく、どんなことでもできるようになっていたということです。そのおかげかもしれませんが、立法者も、戦前の労働運動家も予想だにしない戦後直後型労働運動ができてしまいました。

さすがに、それは昭和24年の法改正によっていろいろな点で大きく転換しました。その一つのキーワードが「経費援助の禁止」でした。しかし、それに近いものがすぐに全くなくなったかというと、そうとは言えない面もあります。

その代表選手が日産の組合でした。全自日産分会（全日本自動車産業労働組合日産自動車分会）というのがありましたが、これは1953年の日産争議で大敗北して潰されてしまいます。その全自日産分会の状況については、上井喜彦先生が『労働組合の職場規制─日本自動車産業の事例研究』（上井喜彦著・東京大学出版会）というタイトルの本を書いています。

これを読むとわかりますが、全自日産分会は、かなり経営占拠的な組合でした。経営といっても、上のほうというよりは下のほうです。つまり、事実上、職場は職場委員が押さえているというイメージの運動を展開していました。だから、これは、一種、戦後直後型労働運動の残滓というか、経営側がちゃんと対処せずに、そのままずるずると続いていたものです。これが1953年の争議で最終的に潰されてしまいました。

ただ、それも一種の反作用みたいなものがあって、新しくできた日産の組合も、ほかの組合に比べると経営参加的というか、経営介入的な運動を展開することになりました。しかし、全自日産分会に引けを取らないような組合かというと、そこまでは言えないのではないかと思います。

あと、中小企業ですけれども、中小企業の中では、倒産争議のときに、やむなくというか、経営者がいなくなるので、労働組合が自分で生産するという自主管理型の争議をやったところは何件もあります。ただ、これは、倒産争議という特殊な状況の中で、そういうところまでやってしまったということかと思います。

倒産争議の中の労働者自主管理でどのようなことをやったかということについて、もし関心があれば、『日本の労働者自主管理』（井上雅雄著・東京大学出版会）という本があるので、それをご覧ください。

ですから、1950年以前の運動、つまり、法律でいうと昭和20年法体制のもとでの労

働運動は，一種，戦後直後型で，今日普通の団体交渉でものを取る運動とは違い，経営を押さえて自分たちが思うようにやるというかたちです。そうしないと自分たちの雇用を守れないし，会社も成り立たないし，労働条件も守れないという状況があったということです。

読売新聞以外に，一つ，代表的な戦後直後型労働運動を紹介すると，東宝の組合があります。映画会社です。昭和23年の東宝争議で組合は敗北しますが，その前に分裂を起こします。この組合は，例えば，どういう映画を作るかということまで経営協議会で組合と協議しないと決めさせなかったので，やり過ぎではないかというところがありますが，黒澤明とか，そういう人がみんな組合側にいました（井上雅雄『文化と闘争』新曜社参照）。もちろん，労働条件のこともありますけれども，そういう意味で，通常の経済要求を専ら追求する運動とは異質な，経営参加的なことをやる労働組合というイメージで，戦後直後型労働運動を考えています。

それに対して言えば，総評型運動は，基本的に労働組合の常道の範囲以内でどれだけ団体交渉や労使協議をするか，あるいはその当時の総評の表現で言うと，職場闘争などを通じて，労働者の利益を最大限代弁するということでした。それをどれだけ戦闘的に，力を込めてやったかということなので，戦闘的な労働運動とは言えると思いますけれども，戦後直後型労働運動とは質的に異なったものではないかと考えています。

以上が質問に対する私の答えですが，ついでに一言言うと，先ほど交渉単位制の議論が交わされていました。今の時点で交渉単位制をやるかどうかは，あまり現実的な政策議論にはなりそうもないと思われます。私が思うのは，昭和24年の段階で，もしGHQが本当にまじめに，本気になって，頑張って交渉単位制を入れておいてくれたら，三井三池（争議）や電産（日本電気産業労働組合）の悲惨な分裂は，もしかすると，ああいうかたちでは起こらなかったかもしれないということです。

日本の戦後労働運動にとって一番大きな病気は，組合分裂が起きることです。そういうかたちで労働運動の勢力転換をやらざるを得なかったということもあります。それを思うと，経費援助その他はともかく，交渉単位制だけはやっておいてくれたほうがよかったのではないかというのが，私が昭和24年法立法過程を見て得た感想です。

野川（司会）　ありがとうございます。追加料金なしで大変すばらしい労使関係論の講義を聞かせていただいたような思いです。

高杉良という作家がいて，この人は企業小説を書きますが，組合がよく出てきます。今，仁田先生が紹介された日産の労働運動の顛末に関してコメントですが，53年争議が失敗に終わって，その後，日産には「日産の帝王」と言われるような組合の委員長が出てきて，その方と日産の会長との癒着みたいなことをテーマにした『王国の崩壊』（高杉良著・新潮社）という小説があって，結構売れました。

また，労働運動の顛末についても，鎌田慧という非常に有名なルポライターが，さまざまな本を出しています。

考えてみると，現在は，そういったルポの対象になるような巨大な労働争議や，小説のモデルになるような組合運動がなくなっていることに大変感慨を覚えました。

質問用紙として仁田先生に来たのは，この一点ですが，せっかくの機会なので，もし仁田先生に対する質問がありましたら，この場で手を挙げていただければと思います。いかがでしょうか。

7　第八次案における大転換の意味

●削除された交渉単位制

菊池高志（九州大学名誉教授）　最後に，「あのときに交渉単位制が入っていたら，また様子は変わっただろう」という話だったので，それは少しどうかなと疑問を呈したいと思います。

私が一番聞きたかったのは，第八次案のあれは何だったのか，報告者の方たちはどのように読み，ここで大転換が起こったことについてはどう考えているのかということです。

日本側は，交渉単位制を導入することについて，最初はGHQの意図を受けて，何とかしようとして，いろいろ書いてみます。しかし，交渉単位制を制度化するための表現に一つ一つ躓いているような文案を読むと，日本側で文案に当たっていた行政メンバーは，日本の実情では交渉単位制を入れる基盤がないと思っていたのではないかと思います。それでも交渉単位制を導入する余地があり得たかとも思いますが，日本の官僚も，そういう基盤は日本にないと考えていたのではないか。

それはなぜかと考えると，その時点までの日本の雇用は，職種で切って一つのグループを構成することを考えにくい実態だったことがそういう認識を持たせたのではないかと思います。皆様はどのように受け止められたのでしょうか。

それと，第八次案の大転換は，何が基礎にあって起こったことだと理解しているのかを全体として聞かせてください。どなたからでも結構です。

野川（司会）　それでは，契機としては，最後に仁田先生が言われた，「もし交渉単位制ができていたら，三井三池も違ったかたちになっていた」ということからの連想があると思うので，初めに仁田先生にうかがいます。

今の菊池会員の質問，特に，結局，交渉単位制がなくなったことについて，例えば，日本の官僚が日本の実情に合わないと考えていたとか，そういったことについてどう思われるかという点と，第八次案の法案転換は，要するにどういうことが原因だったと総括するのが適切かといったことについて，まず，仁田先生の考えをうかがいます。

また，この点については，それぞれ検討し，考えがあると思うので，労働法学者である報告者の中からコメントがあればいただきたいと思いますが，それでよろしいでしょうか。

仁田（国士舘大学）　これは大きな謎

で，それに対する直接的な証拠は存在しないと思います。つまり，誰がこのように考えて，決断して，第八次案を出したのか。具体的にはGHQの誰かがそのように考えて第八次案を作成し，手交したのだと思いますが，そのときに何を考えてそうしたのかという文書が出てこないので，直接的な証拠はないと思います。

だから，いろんな推測が行われています。この問題を最初に研究の中で指摘したのは遠藤公嗣先生ですけれども，彼の本を読むと，いくつか推測が掲げられています。彼が一番有力視しているのは，最後の三つ目の推測です。つまり，極東委員会の中には，イギリスやオーストラリアなどの英国系の国の委員が入っています。あまりにアメリカらしい法律制度を入れてしまうと，「これはアメリカの傀儡ではないか」という批判を招きます。その人たちが反旗を翻さないようにするために，それを避けようと思ったのではないかという，やや玄人っぽい推測が示されています。これは全くの推測です。多少は傍証がなくはないけれども，直接の証拠はないと私は思います。

基本的には労使双方とも反対だったので，それをごり押しするメリットがどこまであるかとGHQ側が考えたということはあるのではないかと思います。

また，竹前先生の本を読むと，GHQの中でも，「交渉単位制度みたいな，しち面倒臭い制度を日本にやらせようとしても無理なんじゃないか」という意見を持つ人物はいたらしいです。元の労働課長のセオドア・コーエンは，そういう意見だったと，あとで竹前先生に言っています。

だから，確信が持ちきれなかったし，反対も強いからやめたというのが一番素直な解釈だという気はします。

ただ，あとで実際に資料を当たった方にコメントをしてもらうのがいいですけれども，第五次案に入っていた交渉単位制を第八次案でいきなりなくされてしまいました。労働省側は，それに対して，「ちょっとおかしいんじゃないか。交渉単位制は，やはり残すべきじゃないか」という逆の反応をGHQ側に行っています。なぜそうなのかは，よくわかりませんけれども，立場が逆転して，労働省は，「交渉単位制を残せ」と。のちの賀来試案につながるような話ですけれども，そういうことがありました。ですから，労使はどうかわかりませんが，労働官僚は，最初はともかく，あとでは，むしろ交渉単位制を入れてもいいと考えていたのではないかと思われます。

野川（司会）　ありがとうございます。この問題については，いくらでも話したい報告者がいると思います。どなたでも結構です。

竹内（奥野）（早稲田大学）　私が調べた範囲の史料から，こういうことがわかるのではないかという観点から，菊池会員のご質問に答えたいと思います。

結論から言うと，私も，基本的には仁田先生の回答と同様の見解です。GHQ側は，第三次案，すなわち労働省側がGHQに最初に提出した案について，コメントを付しています。具体的にはジャクソンがコメントを付していますが，GHQ側は，交渉単

位制度について，日本の現状からして規定が複雑すぎる，単位決定の問題については日本において存在するのか疑問であり，工場ごとに過半数の支持を判断すればよい旨述べています。ですので，GHQ側としては，過半数の多数決ルールは維持するけれども，単位は工場単位とするのみでよく，単位についての問題は存在しないという認識です。

このコメントは，遠藤先生のご著書にもあるように，日本側に伝えられたと推測されています。それにもかかわらず，第四次案以降も，労働省側は単位の規定を維持しています。そういった意味では，仁田先生がお答えになったように，GHQ側は，単位の問題は不要である，関係する規定はいろいろと不備がある，という認識だったのかもしれません。逆に，労働省側は，むしろ勧告で言われたとおりに，単位を決め，交渉組合も決めるとの立場であったのかもしれません。労働省側は，法案転換後にも，GHQに質問をして，交渉単位について規定しなくていいのかと尋ねています。また，日本側が作った第十次案でも，目次上は交渉単位とか交渉代表の規定が確認できます。昭和27年労組法改正の検討段階でも，労働省側は交渉単位制度にこだわっていました。

法案転換で交渉単位制度，交渉組合制度が姿を消したのは，法技術的には，GHQ側が，交渉単位制度について，日本の実情に適合的でないとの考え方を持っていたことによるのではないかと推測します。ただ，第三次案のコメントでは，GHQ側は，多数決ルールそのものは否定していないので，これを含めて制度導入が断念されたのは，労働運動の状況をも併せ踏まえたものであろうと思われます。

野川（司会） 報告者の中でもうお一方ぐらい，この点について発言があれば。

中窪（一橋大学） 交渉単位制については，お二人が言われたとおりだと思います。労使は全然だめですけれども，官僚のほうは割とやる気があったのに，第八次案でなくなってしまった。はしごをはずされてしまったような感じになり，それがのちの賀来試案につながったのではないかと私も推測しています。ただ，確証はありませんが。

当時，公労法には現に交渉単位制が入っていたので，それを民間一般に広げることが可能かどうかという問題はありますけれども，今考えるほど不自然ではなかったのかもしれない，という感じもしています。

● 労組法全体から見た大転換の意義

中窪（一橋大学） それから，先ほどの菊池会員のご質問は，交渉単位制もそうですけれども，労組法全体として第八次案への法案転換をどう考えるかという点も一つあると思います。

これは本当に難しい問題です。当時の政治状況から，とにかくやれるところをやって，難しいところは落とすことにした，というのが一番の原因だと思いますが，私自身は，報告の中でも言ったように，不当労働行為の規定に関して見ると，本来のアメリカ化とはちょっと違う筋に来ているので，これを一度ご破算にしたい，という意図が

あったのではないかと考えます。これは私の一つの推測ですけれども、他の規定の中にも、そういう独自の要因があったのかもしれません。

ただ、全体として見ると、20年法の枠組みの中で、それに対する最小限の改正というかたちになってしまったのは、よくも悪くもというか、結果的に今の日本の労働組合法を形作る、大きな要因になったことだけは確かだと思います。

8 労働協約の拡張適用制度について

野川（司会） ここで、今日の報告を聞いて改めてどなたかに対する質問や意見はありませんか。古川会員、よろしくお願いします。

古川景一（弁護士） 濱口会員から竹内会員への質問に対する竹内会員の回答について、20年法の根幹にかかわる問題があるのではないかと思いました。私が問題だと思ったのは二点です。

工場事業場の拡張適用が20年法でできたという言い方をされていた点が一つ。もう一つは、20年法を作るときに複数組合を想定していなかったのではないかという見解です。いずれも歴史的客観的事実とは違うと思います。

昭和6年の時点で内務省が労働協約の実態調査結果を出版しています。事業場内での拡張適用は当たり前で、拡張適用していない例はまずないという報告があります。当時の内務省の報告書では「適用」や「準用」という言葉を使っていますが、酒造りなどの業種では、組合がない事業場にも事実上地域的拡張適用がされている例もあります。

さらに、労働協約の規範的効力について言えば、昭和5年の京都地裁判決で認められています。

ですから、現在の「第16条」、「第17条」、「第18条」の規定は、戦前に法律条文上の規定はなくても現実に存在していた制度について、その要件と効果を昭和20年時点で法律上明文化したものです。だから、昭和20年の労組法で拡張適用制度ができたのではない。これが一点目です。

次に、複数組合についても当時の内務省の調査報告の中にあります。複数の組合がある事業場で、多数組合の協約を少数派に適用している例が少なからず存在します。ですから、複数組合のもとでの協約適用をどうするかという問題は、既に戦前から存在し、かつ、認識されていた問題であって、戦後に生じた問題ではありません。

ただし、戦前の制度との連続性に関して留意しなくてはいけないのは、戦前の協約には最低基準効しかなく、労働条件の不利益変更について組合が同意する協約例は見られても規範的効力としての不利益変更効を生じさせる協約例は見当たらないので、規範的効力を巡る問題は生じなかったこと、及び、昭和20年以降になって憲法ができ少数派組合の団結権擁護の根拠が作られたという、二つの相違点を考えなくてはいけません。

別に今日答えていただかなくて結構です。今後きちんと検討してください。20年法の

根幹にかかわる部分だと思うので，よろしくお願いします。

野川（司会） ありがとうございます。答えていただかなくて結構だということでしたけれども，それでよろしいですか。

竹内（奥野）（早稲田大学） 今回の私の報告は，戦前の労組法案や，戦前の労使関係について検討が及んでいません。古川会員にご指摘いただいた点については，学会誌へ原稿を掲載する際や，その後の更なる研究の中で考えたいと思います。ご指摘どうもありがとうございました。

9　おわりに

野川（司会） 本日，われわれは，この大シンポの中で労働組合法の立法史について検討してきました。労働基準法については，私の紹介のところでも申し上げましたが，1999年の第98回の大シンポで扱い，それも成果が出ています。労働基準法は，工場法の伝統もあり，日本は既に運用上の経験もあったので，制定にあたっては，日本側のイニシアチブがかなり取れたことも，そのときに報告し，また，内容についても記載しています。

それに比べると，今回の労働組合法については，一つは，昭和6年に労働組合法が貴族院で審議未了で廃案になり，戦前には実体としての法律もその運用もなかったこと，そして，何よりアメリカ占領軍にとっては，労働組合を中心とする労使関係に対する思い入れが非常に強く，そのダイナミズムの中でできあがってきたことで，資料を整理し，それを一定の認識と評価のもとに再構成することの難しさがあって，まとめるのになかなか苦労しました。

しかし，本日，われわれが報告した内容と，このシンポジウムが，これからの労働法学会の研究にとって有益な一里塚となり，また，皆様の研究にも資することを祈念して，本日のシンポジウムを終了したいと思います。どうもありがとうございました。

（終了）

回顧と展望

「『多様な正社員の普及・拡大のための有識者懇談会』報告書」の検討　　山本　圭子

安全配慮義務違反に基づく損害賠償と過失相殺・素因減額　　石﨑由希子
　　──東芝（うつ病・解雇）事件・最二小判平成26・3・24労判1094号22頁──

雇止め対象者の選定基準の不告知と雇止めの有効性　　篠原　信貴
　　──日本郵便（苫小牧支店・時給制契約社員A雇止め）事件・
　　　札幌高判平成26・2・14労判1093号74頁，
　　　日本郵便（苫小牧支店・時給制契約社員B雇止め）事件・
　　　札幌高判平成26・3・13労判1093号5頁──

「『多様な正社員の普及・拡大のための有識者懇談会』報告書」の検討

山 本 圭 子

(法政大学)

I　はじめに

　本稿は，2014年7月30日に取りまとめられた「『多様な正社員』の普及・拡大のための有識者懇談会（座長：今野浩一郎 学習院大学経済学部経営学科教授）」の報告書（以下，「報告書」）の策定の経緯とその内容について紹介するものである[1]。

　「多様な正社員」とは，厚生労働省雇用政策研究会（座長：樋口美雄 慶応義塾大学商学部教授）報告書（2010年7月14日）「持続可能な活力ある社会を実現する経済・雇用システム」において，「従来の正社員でも非正規労働者でもない，正規・非正規労働者の中間に位置する雇用形態」と位置づけ，多様な正社員の環境整備を提唱したのに端を発し，厚生労働省「非正規雇用のビジョンに関する懇談会（座長：樋口美雄 慶應義塾大学商学部長）」[2]が2012年3月27日にとりまとめた「望ましい働き方ビジョン」において，①期間の定めがない，②フルタイム，③直接雇用（労働者派遣のような雇用関係と指揮命令関係が異なるもの（間接雇用）ではない）のいずれも満たすものを「正規雇用」とした上で，職種，勤務地，労働時間等が限定的でない正社員を「典型的な正規雇用」，これらが限定的な正社員を「多様な正社員」，非正社員を「非正規雇用」と整理していたも

---

1) この懇談会は，「日本再興戦略」（2013年6月14日閣議決定）などを踏まえて2013年9月に設けられた。
2) 「社会保障・税一体改革大綱」（2012年2月17日閣議決定）や「日本再生の基本戦略」（2011年12月24日閣議決定）に基づき，厚生労働省が設置。

のである。さらに，厚生労働省「『多様な形態による正社員』に関する研究会（座長：佐藤博樹　東京大学大学院情報学環教授）」が，「多様な形態による正社員」に関する研究会報告書をとりまとめていた。本稿では，「多様な正社員」に係る議論の変遷を辿るとともに，報告書について検討を加えるものである。

II　「多様な正社員」に係る議論の変遷

1　WLBと「短時間正社員」

「多様な正社員」の議論に先んじ，ワーク・ライフ・バランス（以下，WLBと表記することがある）の観点から所定労働時間が短い働き方が論じられるようになったのは，1992年4月1日に施行された育児休業法の勤務時間の短縮等の措置の導入に際してであった。法制定当時は，1歳に満たない子を養育する労働者で育児休業をしないものについて勤務期間の短縮等の措置のひとつとして所定労働時間を6時間に短縮する措置が選択的措置義務のメニューの中に位置づけられた。これは後に，3歳に満たない子を養育する労働者および要介護状態の家族介護を行う労働者への勤務時間の短縮等の選択的措置義務となった。

また，2007年12月18日には「官民トップ会議」において，「仕事と生活の調和（ワーク・ライフ・バランス）憲章」ともに「仕事と生活の調和推進のための行動計画」が策定され，「短時間勤務を選択できる事業所の割合（短時間正社員制度等）」を，2012年には10％，2017年には25％との数値目標が盛り込まれた[3]。その後，2009年の育児介護休業法の改正により，3歳未満の子を養育する労働者に係る短時間勤務制度の導入が義務化されるに至り，「短時間正社員」の議論が盛んに行われるに至った[4,5]。

---

[3]　厚生労働省は2013年12月に「『短時間正社員制度』導入支援マニュアル～人材活用上の多様な課題を解決～」を作成。

[4]　短時間正社員に関する文献として橋本陽子「短時間正社員・短時間勤務制度—ワーク・ライフ・バランスと労働法」ジュリ1383号（2009年）76頁，川田知子「働き方の多様化と育児介護休業法の進展—育児介護のための『休業法』から『雇用継続法』への転換」季労213号（2006年）22頁。

2 正社員・非正社員の二極化の是正と「多様な正社員」

1で述べたWLBの視点に加えて,正社員・非正社員の二極化の是正という観点から「多様な正社員」の議論を展開したものとしては,2002年の厚生労働省パートタイム労働研究会(座長:佐藤博樹 東京大学社会科学研究所教授)の報告書「パート労働の課題と対応の方向性」がある。同報告書は,短時間正社員を「フルタイム正社員より一週間の所定労働時間は短いが,フルタイム正社員と同様の役割・責任を担い,同様の能力評価や賃金決定方式の適用を受ける労働者」と位置づけて,多様な働き方を行き来できる連続的な仕組みの促進を提言した。この二極化の是正の議論は,前掲・厚生労働省雇用政策研究会報告書「持続可能な活力ある社会を実現する経済・雇用システム」(2010年7月14日)に引き継がれ,「正規労働者においても多様な働き方を検討していくことなどにより,正規・非正規の二極化構造を解消し,雇用形態の多様化を目指していくことが望まれる」とし,「多様な正社員」を「従来の正社員でも非正規労働者でもない,正規・非正規労働者の中間に位置する雇用形態」と位置づけ,多様な正社員の環境整備を提唱した。

さらに,前掲「非正規雇用のビジョンに関する懇談会」と前後して,「『多様な形態による正社員』に関する研究会(座長:佐藤博樹 東京大学大学院情報学環教授)」がとりまとめた「『多様な形態による正社員』に関する研究会報告書」(2012年3月28日)は,①いわゆる正社員と同様に無期労働契約でありながら,職種,勤務地,労働時間等が限定的な「多様な形態による正社員」の導入は,非正社員にとって正社員転換の機会を拡大する可能性,正社員にとってもWLBの実現のひとつの手段となりうる,②正社員と非正社員の二極化構造の

---

5) また,育児介護休業法26条においては,転勤に際しての配慮義務が定められているが,WLBの観点から勤務地限定正社員の普及に限定する論稿として,久本憲夫「WLBをふまえた正社員制度—勤務地限定正社員制度を中心に」エルダー2013年2月号(2013年)13頁。

6) パートタイム労働法は,2006年9月から2007年9月までの第一次安倍政権において,正社員と差別的取扱いが禁止されるパートタイム労働者の対象範囲の拡大,雇用管理の改善,通常の労働者への転換推進等を内容とする大改正がなされ2008年4月1日から施行され,第二次安倍政権の下で2014年に差別的取扱いが禁止されるパートタイム労働者の要件の緩和,等を内容とする改正がなされた(2015年4月1日施行)。

問題が指摘される中,多様な形態による正社員の導入は,これを解消し,両者の架け橋となる可能性を指摘し,留意事項等を指摘した。[7)・8)・9)]

そして,2009年9月から2012年12月にかけての民主党を中心とする政権下では,正社員と非正社員の二極化解消のため,労働者派遣法(2012年),有期労働契約労働者の不合理な労働条件の禁止と有期労働契約労働者の無期転換制度等を定めた労働契約法の改正(2012年)が相次いだ。

3 「正社員改革」としての「多様な正社員」

「多様な正社員」の議論は,1,2の観点とともに,職種,勤務地,労働時間等が無限定である正社員(典型的な正社員)の働き方の見直しの視点を加えた検討がなされるに至った[10]。この議論をリードしてきたのは,濱口桂一郎会員の一連の論稿における「メンバーシップ型雇用」と「ジョブ型雇用」に係る議論であろう[11]。また,正社員の働き方の修正の必要性は,女性労働者の働き方の変革の観点からも議論が深まっていった[12]。他方,正社員の複線化雇用管理につい[13]

---

7) 留意事項は,非正社員からのステップアップ(安定した雇用の下,職業能力の向上を図り,希望に応じた働き方を実現できる形態として活用),正社員区分間の転換(相互転換しやすい柔軟な仕組みとすることが重要。特定の正社員区分への固定化の防止,正社員として子育てしながら働き続ける等ワーク・ライフ・バランスの観点),男女間のバランス(男女問わず,個々のニーズに合った働き方を選択できる仕組みとなるよう工夫)等。

8) 多様な正社員に係る企業における人事管理についての実態を調査したものとしては,独立行政法人労働政策・研究研修機構『「多様な正社員」の人事管理—企業ヒアリング調査から』JILPT資料シリーズ107号(2012年)があり,報告書においても引用されている。

9) 限定正社員制度の創設支援については島田陽一「労働移動と雇用政策」日労研641号(2013年)33頁。

10) 正社員改革としての限定正社員に疑問を呈するものとして唐津博「コモンセンスと労働法—『限定』正社員論を怪しむ」労旬1804号(2013年)4頁。

11) 濱口桂一郎『新しい労働社会』(岩波書店(岩波新書),2009年),同『雇用社会と労働法』(日本経済新聞出版社(日経文庫1248),2011年),同『若者と労働』(中央公論新社(中公新書ラクレ465),2013年)。

12) 島田陽一「正社員改革と雇用政策」季労247号(2014年)14頁以下,鶴光太郎「雇用制度改革—規制改革会議のアプローチ」季労247号(2014年)4頁。

13) 緒方桂子「女性の労働と非正規労働法制」西谷敏先生古稀記念論集『労働法と現代法の理論(上)』(日本評論社,2013年)478頁以下,金井郁「『多様な正社員』施策と女性の働き方への影響」日労研636号(2013年)63頁。

ては，1985年の男女雇用機会均等法の制定に際して普及したコース別雇用管理等に関する議論も参考になろう。コース別雇用管理については，2013年に，従前の局長通達が，「コース等で管理した雇用管理を行うに当たって事業主が留意すべき事項に関する指針」（2013（平成25）年12月24日厚労告384号）に格上げされている。また，勤務地については，2006年の男女雇用機会均等法改正により間接差別が禁止され（7条），間接差別の類型として均等法施行規則2条2項，3項に転勤要件の取扱が定められている（その後，均等則2条2項は改正され2014年7月1日より施行されている）。

4　第二次安倍政権の雇用政策と報告書に至る経過[16]

2012年12月26日に発足した第二次安倍政権は，限定正社員の雇用ルール，労働時間制度，職業紹介，労働者派遣制度の見直しなど矢継ぎ早に雇用政策を打ち出し，報告書の策定に至ったが，その経緯について以下概略のみ述べる。[17]

第二次安倍内閣は経済財政諮問会議（議長：安倍晋三　内閣総理大臣）を設置しいわゆるアベノミクスを先導するとともに，政策の具体化を担う「日本経済再生本部」の下に「産業競争力会議」が設けられ，雇用・人材分科会（座長：長谷川閑史　経済同友会代表幹事）で議論が重ねられた。また，内閣府に設けられた

---

14)　コース別雇用管理とは，基幹的業務，定型的業務といった業務内容や，転居を伴う転勤の有無等によって幾つかのコースを設定して，コースごとに異なる配置・昇進，教育訓練等の雇用管理を行うシステムをいう。

15)　「コース等で区分した雇用管理についての留意事項」（2007（平成19）年1月22日雇児発0122001号）。

16)　第二次安倍政権下における雇用政策の経緯については，深谷信夫「安倍労働規制改革―政策決定過程の記録」西谷敏＝五十嵐仁＝和田肇＝田端博邦＝野田進＝萬井隆令＝脇田滋＝深谷信夫『日本の雇用が危ない（安倍政権「労働規制緩和」批判）』（旬報社，2014年）174頁以下，濱口桂一郎「労働政策過程をどう評価するか」季労245号（2014年）70頁，濱口桂一郎「アベノミクスの労働政策をどう捉えるか」労働法学研究会報2588号（2015年）4頁以下，新谷信幸「『多様な正社員』をめぐる論議と連合の対応」労旬1826号（2014年）20頁以下。

17)　2013年参議院選挙前までの動向については，大嶋寧子「限定正社員の普及・促進は労働市場の朗報か―ルールの整備と転職を支える政策の充実が課題みずほリポート2013年7月8日号，みずほ総合研究所（2013年）4頁。

規制改革会議にも分科会として雇用・労働問題を検討する雇用ワーキング・グループが設置された。この経済財政諮問会議では，2013年2月5日に，民間議員によって限定正社員の創出が提言され，これを受けて厚生労働大臣が限定正社員の普及策の検討を表明した。同年3月15日の第4回産業競争力会議に際し，安倍総理が失業なき労働移動を実現する政策として，限定正社員制度に言及した。規制改革会議の雇用ワーキング・グループにおいて同年3月28日以降，雇用分野の規制改革事項の議論のひとつとして，限定正社員（ジョブ型正社員）の雇用ルールの検討が始まった。規制改革会議の議論では，日本の正社員は，無期雇用，フルタイム，直接雇用といった特徴のみならず，職務・勤務地・労働時間（残業）が特定されていない無限定正社員という傾向が欧米に比べても顕著であること，無期雇用，無限定社員，雇用終了ルールである解雇権濫用法理の三要素は，相互に強い補完性を有し，正社員改革を困難にしてきたこと，職務，勤務地，労働時間等が特定されている『職務等限定正社員』，いわゆるジョブ型正社員を増やすとともに，その雇用ルールの整備を早急に進めるべきであるとした。[19・20]

その後，限定正社員の普及・促進策として成功事例の収集と周知，啓発，有識者懇談会による雇用管理上の留意点のとりまとめが盛り込まれた「日本再興戦略」が2013年6月14日に閣議決定された。これに基づき厚生労働省は，「『多様な正社員』の普及・拡大のための有識者懇談会」を設置し，2014年7月30日

---

18) 規制改革会議答申（2013年6月10日）。
19) 2014年春時点での労働法制の改正の動きと，限定正社員についての議論については大内伸哉「これからの労働法はどうあるべきか」法律のひろば2014年5月号（2014年）4頁以下。日本再興戦略までの雇用規制改革の状況については，富永晃一「解雇・労働時間改革の行方—突破口は『ジョブ型正社員』」ビジネス法務2014年7月号（2014年）50頁以下。
20) 安倍政権下における雇用政策批判の特集としては，労旬1807-08号（2014年）があり，西谷敏「全面的な規制緩和攻勢と労働法の危機」（特集／安倍政権下における雇用政策批判）労旬1807号（2014年）7頁，野田進「限定正社員の法的位置づけ—格差是正法理と解雇制限法理のなかで」労旬1807号（2014年）31頁，田端博邦「産業競争力会議ペーパー批判」労旬1807号（2014年）20頁，萬井隆令「労働法理への叛旗」労旬1807号（2014年）28頁，和田肇「質の悪い雇用を生み出すアベノミクスの雇用改革」労旬1807号（2014年）49頁。これらをまとめたものが前掲注16)の『日本の雇用が危ない（安倍政権「労働規制緩和」批判）』。

に報告書がとりまとめられた。

Ⅲ　報告書の意義と課題

　報告書[21]は，労働市場の現状と「多様な正社員の普及の必要性」を提示し，正社員と非正社員の現状，多様な形態による正社員の活動状況，多様な形態による正社員のメリットと課題，「多様な正社員」の活用にあたっての留意事項に言及している。以下，報告書の項目に沿って検討する。

　まず，報告書は，「Ⅱ多様な正社員の円滑な活用のために使用者が留意すべき事項と促進するための方策」において，まず，「1　多様な正社員の効果的な活用が期待できるケース」を，「勤務地限定正社員」「職務限定正社員」「勤務時間限定正社員」の3類型に分けて論ずるが，この議論は，Ⅱで述べた従前の議論の延長線上にあり特に新味のあるものではない。報告書の主眼は，これらを踏まえた，労働者に対する限定内容の明示，事業所閉鎖や職務廃止の場合の対応，転換制度，処遇，いわゆる正社員の働き方の見直し，人材育成・職業能力評価，制度の設計・導入・運用にあたっての労使コミュニケーションにあることから，以下検討する。

　まず，「労働者に対する限定の内容の明示」として，職務や勤務地に限定がある場合には限定の内容について明示することが重要であるとし，紛争予防の観点から労契法に基づく労働契約の内容の確認の対象に職務や勤務地の限定も含まれるとする解釈を示すこととした[22]。

　さらに，報告書は，「事業所閉鎖や職務の廃止などへの対応」として，

---

[21]　報告書について論じたものとして，矢野昌浩「雇用ポーフォリオ改革の現在と労働規制の課題―『多様な正社員』の普及・拡大のための有識者懇談会報告の検討」（特集／『多様な正社員の普及・拡大のための有識者懇談会報告書』を受けて）労旬1826号（2014年）6頁以下，宮里邦雄「『多様な正社員』提言への疑問と危惧」労旬1826号（2014年）14頁，北健一「すでにある限定正社員―その実像をさぐる」労旬1826号（2014年）26頁，毛塚勝利「『限定正社員』論の法的問題を考える―区分的雇用管理における労働条件法理と解雇法理」（特集／アベノミクスの労働政策を点検する）季刊労働法245号（2014年）17頁，インタビュー「『多様な正社員』の普及・拡大のための有識者懇談会報告の趣旨と意義―今野浩一郎氏に聞く」（解説：『多様な正社員』をめぐる人事労務）労務事情1283号（2013年）29頁。

JILPTによる従前の裁判例の分析をもとに[23]，勤務地や職務が限定されていても，事業所閉鎖や職務廃止の際に直ちに解雇が有効となるわけではなく，整理解雇法理（4要件・4要素）を否定する裁判例はないとした。この点は，前掲・規制改革会議のジョブ型正社員の議論以降，多様な正社員制度の普及は，事業所廃止や職務廃止に際して整理解雇し易い正社員層を創出することではないか，職務遂行能力不足による解雇が容易となるといった危惧が示されたことに対して[24]，従前の裁判例をもとに丁寧に論じているともいえる。

「転換制度」については，非正規雇用の労働者から多様な正社員への転換についても，いわゆる正社員と多様な正社員の間の転換についても，転換を社内制度として明確にすることが望ましいとし，企業毎の実情を踏まえつつ転換制度の応募資格，要件，実施時期等について明確にすることを示し，就業規則の規定例を示すにとどまる。これまでパートタイム労働法に基づく通常の労働者への転換，コース別雇用管理におけるいわゆる総合職と一般職との間の転換が期待されていたほどには促進されてこなかったことを踏まえればその普及の途は険しそうである[25]。

さらに，報告書は「均衡処遇」で，多様な正社員といわゆる正社員の間の処遇の均衡を図ることが望ましいとしつつ，多様な正社員の処遇についていかなる水準をもって均衡が図られているとするかについて一律に判断することは難しいことから，企業ごとに労使で十分に話し合って納得性のある水準とすることが望ましいとする[26]。そして，なにが不合理なものであるかは判断が難しいことから運用の定着と議論の集積を待つことが適切であるとして，まずは労契法

---

22)「多様な正社員に係る『雇用管理上の留意事項』等について」2014（平成26）年7月30日基発0730第1号。

23) JILPT『多様な正社員に関する解雇判例の分析』独立行政法人労働政策研究・研修機構（2014年）。

24) 野田・前掲注20)論文，和田・前掲注20)論文。

25) 報告書を受けて，厚生労働省が前掲注22)の通達（平26・7・30基発0730第1号）を発出したこともあり，実務家の関心も集めている（例えば，岩出誠「『多様な正社員』の就業規則，労働契約書と実務ポイント」労務事情1283号（2014年）33頁，松下守男「『限定正社員』をめぐる最新論点整理と制度導入時の実務的留意点」ビジネスガイド790号（2014年）5頁以下，岩崎仁弥「『多様な正社員制度』と就業規則見直しのポイント」日本法令（2014年））。

3条2項の均衡処遇原則にいわゆる正社員と多様な正社員の間の処遇の均衡も含まれることについて労契法の解釈を明確にし、将来的には多様な正社員の人事労務管理の運用が定着し労契法改正の機会があれば法定化を検討することが考えられるとした。民主党を中心とする連立政権下においては、パートタイム労働者と正社員、派遣労働者と均衡処遇についての法改正が進んだが、均衡処遇についての裁判例の蓄積は少なく[27]、報告書がいうところの「均衡処遇」について議論の集積には時間がかかるであろうし、その間、限定正社員制度が普及した場合には、現在の正社員、非正社員間の処遇格差が温存される可能性は否定し難い[28]。

そして、報告書は「いわゆる正社員の働き方の見直し」について、多様な正社員の働き方を選びやすくするため、所定外労働、転勤や配置転換の必要性や期間などの見直しなど、いわゆる正社員の働き方を見直すことが望ましいとする。これはⅡの正社員改革としての議論を踏まえたものといえよう。

既に見てきたように、報告書は、従来の議論と裁判例の検討から、労働契約法の解釈によって、多様な正社員の普及について、事業主が留意すべき事項を提示している。多様な正社員制度の普及は、企業の採用過程[29]、採用後の昇進・昇格といった人事制度、事業所閉鎖、業務縮小にあたっての退職管理といった多方面への影響が考えられる。報告書は限定内容の明示について労契法4条2項に基づく労働条件の書面による確認対象とすることとし、通達(平成26・7・30基発0730第1号)も同旨とするが、限定に係る影響は広範にわたることからあわせて就業規則の当該規定を該当者に交付することを求めてはどうか。

また、報告書は「制度の設計、導入、運用に当たって労使コミュニケーショ

---

26)「納得性のある水準」といっても、例えば、育児介護休業法に基づく短時間勤務をした期間の賞与の算定にあたって学校法人東朋学園事件(最1小判平成15・12・4労判862号14頁)に係るノーワークノーペイ原則に基づく賞与カットについても議論があるところである。
27) ニヤクコーポレーション事件・大分地判平成25・12・10労判1090号40頁。
28) 緒方桂子「新しい有期労働契約法制としての社会的包摂」法時85巻3号(2013年)17頁は、有期労働契約から無期転換後の労働条件について、「2級正社員」を生じさせる危惧を指摘する。
29) さしあたり職務限定の高度専門職の労働者の採用、試用期間への影響が考えられる。

ンの必要性」を説き，様々な労働者の利益が広く代表されるかたちでのコミュニケーションが行われることが重要であるとする点に筆者も異論はない。

　なお，報告書の規定例においては限定正社員への転換等は，労働者の申請等に対し使用者が「認定」「登用」により最終決定を行うことを前提としているが，将来的には，労働者の出産，育児，介護等のライフイベントや傷病による通院時間確保のための就業時間短縮といったニーズのための「多様な正社員」としての就労が，労働者側の主体的選択によって適用され得る枠組みの構築が重要であろう。[30]

（やまもと　けいこ）

---

[30]　本稿の脱稿後に新屋敷恵美子「労働契約法理と限定正社員」法時1082号（2015年）16頁に接した。

安全配慮義務違反に基づく
損害賠償と過失相殺・素因減額
―――東芝（うつ病・解雇）事件・
最二小判平成26・3・24労判1094号22頁―――

石　﨑　由希子
（横浜国立大学）

I　事実の概要

　1　X（原告・被控訴人兼控訴人・上告人）は，平成2年にY社（被告・控訴人兼被控訴人・被上告人）に雇用され，平成10年1月以降，液晶生産事業部に配属された。Xは，社内において，真面目な努力家であるとされており，平成12年11月頃から，世界最大の基板を用いる液晶ディスプレイの製造ラインを構築するプロジェクトのリーダーに任命され，休日や深夜の勤務を余儀なくされた。

　2　Xは，プロジェクトリーダーに任命される前から，健康診断等で不眠，生理痛等を訴えており，平成12年7月には慢性頭痛，同年12月には神経科医院（本件医院）において，神経症との診断を受け，頭痛や抑鬱，睡眠障害等に適応のあるデパス錠，抑鬱に適応のあるセルシン錠等を処方されていた。

　3　上記プロジェクトは，平成13年4月までの短期間での成功が目指されていたが，様々なトラブルにより遅れが発生しており，Xはその対応に追われた。Xは，業務の日程や内容につき上司から厳しい督促や指示を受ける中で，平成12年12月から平成13年（以下，特に記載がない場合は全て平成13年）4月にかけて1か月あたり60〜85時間程度の時間外労働を強いられた。また，5月には，Xに説明なく，Xの担当する工程の担当者を減員された上，Xが過去に経験したことのない2つの業務を新たに命じられた。

　4　Xは，6月の定期健康診断の問診時に13項目の欄に印をつけて自覚症状を申告していた他，労働時間が一定の時間を超えた従業員につき実施される

「時間外超過者健康診断」（3月，4月，6月及び7月）の際に，産業医に対して自覚症状（頭痛，めまい，不眠等）を訴えたが，特段の対応はなされなかった。Xは，4月，6月に本件医院を受診し，6月から，定期的な通院を始めた他，抑鬱等に適応のあるアビリット錠等も処方されるようになっていた。なお，後に，労災保険給付支給に係る審査手続において作成された意見書によれば，Xの鬱病（本件鬱病）の発症時期は4月頃であったとされる。

5　Xの症状は悪化し，5月頃から，同僚がXの体調不良を認識できる程度になっていた。Xは，5月下旬以降，直属の上司である課長に体調不良を伝えた上で，相当日数の欠勤を繰り返し，予定されていた重要な会議を欠席した。その前後には，課長に対して，新たに命じられた業務の担当を断る，あるいは，担当業務の範囲の限定を求めるなどしていた。また，7月頃，Xが休暇明けに出勤した際には，放心状態であるなど普段とは違うXの様子が，同僚及び課長らによって確認されている。

6　Xは，本件医院の診断書を提出し，療養目的での休暇・欠勤を続けた。Y社はXに対し，平成15年1月10日，休職を発令し，平成16年8月6日，休職期間の満了を理由とする同年9月9日付け解雇の意思表示をした。Xは，Yに対し，雇用契約上の権利を有する地位確認及び賃金支払請求の他，安全配慮義務違反等による債務不履行又は不法行為に基づく損害賠償請求等の訴えを提起した。

7　1審（東京地判平成20・4・22労判965号5頁）は，本件鬱病は過重な業務に起因するもので業務上疾病にあたり上記解雇は違法，無効である（労基法19条）とし，地位確認，賃金支払及び慰謝料等の損害賠償請求を認容した（休業損害については，賃金支払請求を認容）。原審（東京高判平成23・2・23労判1022号5頁）も同様に地位確認，慰謝料等の他，休業損害に係る損害賠償請求を認容したが，その賠償額について，過失相殺及びその類推適用により2割減額し，認められる賃金額を下回ったため，当該請求部分については賃金支払請求を認容した（選択的併合）。そこで，Xは上告受理を申し立てた。なお，上告審では，損益相殺の可否についても争われ，本判決は傷病手当金及び支給決定前の労災保険休業補償給付の損益相殺を否定しているが，紙幅の関係上本稿では検討を

省略する。

Ⅱ　判　旨（破棄差戻し）

　1　「これらの一連の経緯や状況等〔事実1及び3参照〕に鑑みると，Xの業務の負担は相当過重なものであったといえる。
　業務の過程において，XがY社に申告しなかった自らの精神的健康（いわゆるメンタルヘルス）に関する情報は，神経科の医院への通院，その診断に係る病名，神経症に適応のある薬剤の処方等を内容とするもので，労働者にとって，自己のプライバシーに属する情報であり，人事考課等に影響し得る事柄として通常は職場において知られることなく就労を継続しようとすることが想定される性質の情報であったといえる。使用者は，必ずしも労働者からの申告がなくても，その健康に関わる労働環境等に十分な注意を払うべき安全配慮義務を負っているところ，上記のように労働者にとって過重な業務が続く中でその体調の悪化が看取される場合には，上記のような情報については労働者本人からの積極的な申告が期待し難いことを前提とした上で，必要に応じてその業務を軽減するなど労働者の心身の健康への配慮に努める必要があるものというべきである。……上記の過重な業務が続く中で，Xは，上記〔事実4及び5参照〕のとおり体調が不良であることをY社に伝えて相当の日数の欠勤を繰り返し，業務の軽減の申出をするなどしていたものであるから，Y社としては，そのような状態が過重業務によって生じていることを認識し得る状況にあり，その状態の悪化を防ぐためにXの業務の軽減をするなどの措置を執ることは可能であったというべきである。これらの諸事情に鑑みると，Y社がXに対し上記の措置を執らずに本件鬱病が発症し増悪したことについて，XがY社に対して上記の情報を申告しなかったことを重視するのは相当でなく，これをXの責めに帰すべきものということはできない。
　以上によれば，……Xが上記の情報をY社に申告しなかったことをもって，民法418条又は722条2項の規定による過失相殺をすることはできないというべきである。」

2 「また，本件鬱病は……過重な業務によって発症し増悪したものであるところ，Xは，それ以前は入社以来長年にわたり特段の支障なく勤務を継続していたものであり，また，上記の業務を離れた後もその業務起因性や損害賠償責任等が争われて複数の争訟等が長期にわたり続いたため，その対応に心理的な負担を負い，争訟等の帰すうへの不安等を抱えていたことがうかがわれる。これらの諸事情に鑑みれば，……〔事実2の〕各事情をもってしてもなお，Xについて，同種の業務に従事する労働者の個性の多様さとして通常想定される範囲を外れるぜい弱性などの特性等を有していたことをうかがわせるに足りる事情があるということはできない（最高裁平成……12年3月24日第二小法廷判決・民集54巻3号1155頁参照）。」

3 「以上によれば，……過失相殺に関する民法418条又は722条2項の規定の適用ないし類推適用によりその額を減額した原審の判断には，法令の解釈適用を誤った違法があるものというべきである。」

Ⅲ 検 討

1 本判決の意義

本判決は，過重業務を原因として鬱病に罹患し，休業を余儀なくされた労働者が使用者に対し，債務不履行（民法415条）又は不法行為（同709条）に基づく損害賠償請求等をした事件の上告審判決である。一般に，使用者が負う安全配慮義務又は注意義務の内容として労働者の個別具体的状況に応じた心身両面への配慮を求める場合には，労働者の健康情報の取得が不可欠となるため，労働者のプライバシーとの抵触及びその調整が課題となりうる。本判決は，健康情報の不申告を理由に過失相殺の許否について，最高裁として初めて検討を行い，本件事案の下でこれを否定した点で意義がある。ただし，後述のように，その

---

1) 根本到「長時間労働を原因とする過労自殺に対する企業責任と過失相殺」法律時報73巻4号（2001年）90頁，砂押以久子「労働者の健康情報とプライバシー」季労209号（2005年）42頁，水島郁子「使用者の健康配慮義務と労働者のメンタルヘルス情報」日本労働法学会誌122号（2013年）23頁。なお，労働者は健康情報の申告義務を負うとする見解として，安西愈「企業の健康配慮義務と労働者の自己保健義務」季労124号（1982年）28頁参照。

射程は限定的に解される。本判決はまた，長期間治癒しないことを労働者の脆弱性とみて過失相殺の規定を類推適用した原判決の判断を覆した点でも，事例判決としての意義を有する。

2　健康情報の不申告を理由とする過失相殺（判旨1）

まず，本件では，神経症との診断やデパス錠等の処方などの健康情報の不申告を損害賠償額の算定にあたりXの過失として考慮できるか否かが争われた（民法418条，同722条2項）。

(1)　従前の下級審裁判例

従前の下級審裁判例の中には，健康情報の不申告について，労働者による損害回避・増悪防止行動の不作為と評価し，過失相殺を肯定するものが存在する[2]。これらの判決においては，会社側が当該情報を知っていれば，相応の配慮をすることが可能であり，これにより損害が回避され得たことが前提とされている。

他方，労働者の不申告による過失相殺を否定する裁判例も存在する。その理由づけは様々であるが，労働者からの申告を待つまでもなく使用者が勤務軽減等の措置をとるべき就労状況にあったこと[3]，使用者又は医師が必要な情報を認識していたこと[4]，使用者による配慮が期待できないこと[5]，あるいは，精神的不

---

[2]　労働者が医師の受診や病気の申告又は業務軽減の要請をしなかったことなどを考慮して過失相殺（又はその類推適用）を肯定したものとして，三洋電機サービス事件・東京高判平成14・7・23労判852号73頁，南大阪マイホームサービス（急性心臓死損害賠償）事件・大阪地堺支判平成15・4・4労判854号64頁，JFEスチール事件・東京地判平成20・12・8判タ1319号120頁，N公庫事件・大阪地判平成25・3・6判タ1390号217頁。また，家族から労働者の異変について連絡がなかったことを考慮したものとして，みくまの農協事件・和歌山地判平成14・2・19判タ1098号189頁。

[3]　山田製作所（うつ病自殺）事件・福岡高判平成19・10・25労判955号59頁。

[4]　ニューメディア総研（アドバンストラフィックシステムズ）事件・福岡地判平成24年10月11日労判1065号51頁。使用者及び医師に対する自殺未遂の不申告が過失相殺の対象となるかが争われたが，使用者は自殺未遂の事実を既に認識しており，医師に対してオーバーワーク状態にある旨の申告はされていた事案であった。

[5]　メディスコーポレーション事件・前橋地判平成22・10・29労判1024号61頁。アテスト（ニコン熊谷製作所）事件・東京地判平成17・3・31労判894号21頁。エージーフーズ事件・京都地判平成17・3・25労判893号18頁。

調に関する情報を申告することには心理的抵抗があること[6]を理由とするものなどがある。

(2) 本判決の検討

本判決は、Xによる健康情報の不申告は過失相殺を肯定する事情には当たらないと判断した。その理由として考慮されているのは、以下の点である。

判旨1はまず、通院歴や薬剤の処方といった情報は、労働者のプライバシーに属する情報であると共に、人事考課等において不利に影響し得る性質を持つことを踏まえて、当該情報の申告を労働者に期待し得ないとする。すなわち、本判決は、健康情報の不申告という労働者の行動選択は、人事考課等を行う職場において一般に想定されるものであることを前提とし、そのことから、労働者の過失を認めることに慎重な立場を示したものといえる[7]。なお、この部分の判示が、メンタルヘルス情報について、他の健康情報よりも強い保護を要請する趣旨か否かは定かでない。

判旨1が次に示す判示の前半部分では、労働者からの申告がなくても、使用者は安全配慮義務を負うとされる[8]。確かに、安全配慮義務は労働契約の締結によって認められる使用者の義務である（労働契約法5条）。また、安全配慮義務の内容をすべての労働者との関係で適正な労働条件を確保する義務と捉える場合には、およそ労働者の申告は問題とならない。もっとも、安全配慮義務の内容にはこの他、個々の労働者の健康状態を踏まえた上で、労働者の配置や業務量の調整等を行う義務が含まれる[9]。かかる義務の履行には労働者の健康状態の把握が不可欠となることを考えると、労働者が健康情報を秘匿するために健

---

6) 神戸地判平成25・6・12判例集未掲載（LEX/DB25501359）。ただし、本人の業務遂行の態様について、通常想定される労働者を逸脱したものがあるとして、過失相殺の類推適用を肯定。
7) 電通事件・控訴審判決（東京高判平成9・9・26労働判例724号13頁）においては残業時間の過少申告が過失相殺にあたるか否かが問題とされていたが、その判断にあたり、過少申告の原因、すなわち職場の構造的要因や当該行動によって得られる使用者の利益の有無を検討する必要があることを示唆するものとして、八木一洋「判例解説」『最高裁判例解説民事篇〔平成12年度〕上』（法曹会、2003年）370頁参照。
8) 石川島興業事件・神戸地姫路支判平成7・7・31労判688号59頁も、安全配慮義務が「労働者の申し出の有無に関係なく、使用者に課せられる性質のもの」であることを示していた。

康状態をおよそ把握しえない場合にまで，使用者が安全配慮義務を負うとはいえないであろう。「ところ」という語によって接続するこの判示の論理関係は必ずしも明確ではないが，少なくとも，判示の後半部分において使用者に求められているのは，「必要に応じ」た業務軽減等の配慮であり，労働者の健康状態の把握を必要とする。だからこそ，本判決は，かかる配慮を求める前提として「過重な業務が続く中でその体調の悪化が看取される場合」を措定するのであろう。

なお，過失相殺の適用に際しては，一般に加害者・被害者双方の落ち度が検討される傾向にある[10]。特に，労災事案の場合には，労働者が使用者の指揮命令下で労務を提供する関係にあり，労務の内容や職場環境について，労働者の意思により自由に決しうる範囲が限られることから，使用者が職場環境への配慮を怠ったために発生した損害については基本的に使用者が責任を負うべきものであり，労働者に転嫁することは許されないとの見解が示されている[11]。本判決もまた，過重業務が続く中で体調悪化が看取されるにも関わらず，使用者が業務軽減等の適切な対応を執らないという使用者の過失態様を考慮し，労働者の不申告を過失として考慮できないことを示すものといえよう。

では，本判決は本件事案をどのように評価したか。紙幅の関係上引用は省略したが，本判決はまず，時間外労働など業務の量的側面だけでなく，精神的負荷など質的側面も含めて考慮し，業務の負担は「相当過重」であると評価する。

また，本判決は，Xの体調不良による欠勤及び業務軽減の申出，あるいは本件鬱病発症前後の健康診断における自己申告を踏まえ，過重業務を原因として体調不良が生じていることを「認識し得る状況」が生じており，使用者は適切な措置を執りえたとする。この点に関し，原判決は，Yが業務量の軽減等

---

9) 水島郁子「ホワイトカラー労働者と使用者の健康配慮義務」日本労働研究雑誌492号（2001年）30頁以下，高橋眞『続・安全配慮義務の研究』（成文堂，2013年）39頁以下参照。
10) 齋藤隆「過失相殺」林豊＝山川隆一編『労働関係訴訟法Ⅱ』（青林書院，2001年）390頁。
11) 齋藤・前掲注10)390頁。継続的な雇用関係の存在が前提となる労働災害事案における過失相殺の判断にあたっては，具体的な被害者について，加害者との関係性を前提とした考量が行われうることを指摘したものとして，寺沢知子「業務上の過重負荷と疾患を原因とする死亡と過失相殺」民商139巻4・5号（2009年）561頁。

の適切な配慮をしなかった一因は、Xが具体的な診断名や処方薬について申告していなかったことにあると評価していた。確かに、本件鬱病発症前になされた申告は、産業医に対する頭痛、めまい、不眠等の申告に留まる。また、申告を受けた産業医も特段の対応を不要と判断したことからすると、この時点で使用者に迅速かつ適切な対応を期待することには困難な面もあると思われる。しかし、Xの欠勤等により、病名はともかく、業務遂行能力に影響が出る程度に健康状態が悪化していることが明らかになって以降[12]も、Yは増悪防止に向けて何ら対応していない。このことを併せ考えると、本件鬱病発症前に申告があったとしても、発病回避に向けた適切な配慮がされたとは期待できない。以上を踏まえると、Xによる健康状態の不申告を重視することはできず、過失相殺を否定した本判決の判断は妥当といえる。

3 ぜい弱性を理由とする素因減額 (判旨2)

被害者が有していた肉体的・心因的素因が、損害の発生又は拡大に寄与した場合には、公平の理念に基づき、過失相殺規定を類推適用することにより賠償額を減額することが認められる (いわゆる素因減額)。原判決は、Xが過去に神経症の診断を受けていたことや業務を離れて9年を超えてなお寛解に至らないことをXのぜい弱性とみて素因減額したため[13]、その適否が争われた。

(1) 電通事件最高裁判決

素因減額に関するリーディングケースとしては、電通事件最高裁判決[14]が挙げ

---

12) 個々の労働者との関係で安全配慮義務を履行するにあたり、使用者としては、病名ではなく労務提供能力に関する情報を把握していれば足りると考える。ただし、このことは、病名等の健康情報の活用により、使用者等の関係者がより適切な対応をとる可能性を否定しない。水島・前掲注1) 29頁、厚生労働省＝独立行政法人労働者健康福祉機構『職場における心の健康づくり―労働者の心の健康の保持増進のための指針』(平成18年) 25頁・26頁参照。
13) 本件では争われていないが、通常想定される回復期間を超えてもなお回復しない場合に、相当因果関係の範囲の限定する余地もある。最一小判昭和63・4・21民集42巻4号243は、交通事故後10年近く後遺症が続いたという事案の下、事故後3年以降に生じた損害については相当因果関係を否定した。ただし、使用者の安全配慮義務違反を原因とする精神疾患について、どの程度の期間を相当因果関係の範囲内とみるかについては慎重に検討すべきである。
14) 最二小判平成12・3・24民集54巻3号1155頁。

られる。同最高裁判決は、労働者の性格が損害賠償額において斟酌される心因的要因となりうることを示し、交通事故事案において認められていた素因減額が労災事案においても認められうることを明らかにした点で意義がある。他方、同最高裁判決は、使用者が各労働者の性格等を考慮した上で業務配置等が可能であることなどを踏まえて、「ある業務に従事する労働者の性格が同種の業務に従事する労働者の個性の多様さとして通常想定される範囲を外れるものではない」場合には斟酌しないとし、素因減額が認められる範囲に一定の制約を課している点でも重要である。

(2) 本判決の判断

判旨2は、電通事件最高裁判決を明示的に参照し、Xには「通常想定される範囲を外れる」ぜい弱性は認められず、素因減額の事由とはならない旨判示する。この判示は、電通事件最高裁判決の射程が、業務の適性との関係で積極的に評価される余地のある労働者の性格（まじめさ、責任感の強さ等）だけでなく、個々の労働者の「ぜい弱性」に及ぶことを明らかにしたものといえる。また、判旨2は、本件鬱病が「過重な業務」によって発症・増悪したことを改めて判示する。東日本電信電話事件最高裁判決では、素因減額の判断にあたり、「基礎疾患の態様、程度」の他「不法行為の態様等」を考慮すべきことが示されていたが、加害者である使用者側の事情が素因減額の判断にあたり考慮されたことを示すものといえよう[17]。

労働者が使用者の設定した労働環境で指揮命令下に置かれることを踏まえると、素因減額の具体的判断は慎重に行うべきである。本件では、不眠等の自覚症状は認められるものの（事実2参照）、過重な業務を負担する前は特段の支障なく勤務を継続できていたということであり、「通常想定される範囲を外れる」

---

15) 昭和63年最判・前掲注13)〔被害者の性格〕、最一小判平成4・6・25民集46巻4号400頁〔基礎疾患〕。なお、民法学説では、素因減額を否定する見解も有力である。代表的な見解として、窪田充見『過失相殺の法理』（有斐閣、1992年）70頁以下、平野裕之『民法総合6 不法行為法〔第3版〕』（信山社、2013年）441頁等。

16) 最一小判平成20・3・27集民227号585頁。

17) 北岡大介「労災民訴（精神疾患）における業務過重性評価と過失相殺・素因減額の関係性」季労246号（2014年）210頁。

ぜい弱性は認められない。本判決の判断は妥当である[18]。また，本判決は，業務を離れた後も本件に係る紛争が長期化していたことを踏まえ，9年間寛解しなかったことを素因減額の理由とはしていない。この部分の判示は，単に労働者のぜい弱性を否定したものと理解すべきであろう[19]。また，訴訟提起の発端が使用者の安全配慮義務違反にあることを踏まえると，訴訟提起や紛争の長期化自体は，鬱病の症状悪化に寄与したとしても，労働者の過失とみるべきではないと解する。

4　本判決の射程と残された課題

　前記2での検討を踏まえると，本判決の射程は，過重な業務が存在しており，かつ，労働者による業務軽減の申出等を通じて，使用者が労働者の体調不良を認識しうるケースに限られる。もっとも，「体調不良を認識し得る」かどうかは，具体的な事情から客観的に判断される。そこで，著しく過重な業務（たとえば月160時間を超える時間外労働）[20]が認められ，直ちに適正な労働条件を確保することが求められる場合には，労働者からの申出が何もないとしても，健康情報の不申告を過失として考慮できないと考える[21]。こうした事情がない場合に，労働者の健康状態を把握・管理することに関して，使用者が具体的にどのような内容及び水準の義務を負うか，その際に労働者にどの程度の情報提供が求め[22]

---

[18]　これに対し，ぜい弱性又は素因を有する労働者が自らの健康保持を怠る場合には，過失相殺を肯定しうると考えられる。この点に関し，徐婉寧『ストレス性疾患と労災救済──日米台の比較法的考察』（信山社，2014年）394頁参照。また，自らの素因に対する発見・統制可能性を考慮すべきとする見解として，永下泰之「損害賠償法における素因の位置」私法76号（2014年）168頁。東京地判平成22・2・24判タ1382号238頁は，高血圧の労働者について健康保持義務違反を理由に3割の過失相殺を認める。ただし，自傷行為や療養への不専念など健康保持に反する行動をとる原因が当該精神疾患に内在する場合には，過失は認められないであろう。

[19]　北岡・前掲注17) 211頁。

[20]　平成23年12月26日基発1226第1号「心理的負荷による精神障害の認定基準について」によれば，発病直前の1か月に160時間を超える時間外労働を行った場合には「極度の長時間労働」にあたり，心理的負荷は「強」と判断される。

[21]　北岡・前掲注17) 209頁。

[22]　永下・前掲注18) 168頁参照。

られるかは今後の課題といえよう[23]。

[付記] 本稿は，日本学術振興会科学研究費助成事業・若手研究(B)(課題番号26780031)による成果の一部である。
　脱稿後，川田琢之「精神疾患に関する労災民訴事案における過失相殺・素因減額のあり方」ジュリ1476号（2015年）104頁に接した。

(いしざき　ゆきこ)

---

[23] 平成26年6月，医師等により労働者の心理的負担の程度を把握するための検査（いわゆるストレスチェック）を事業者に義務付ける労働安全衛生法の改正がなされた（法66条の10）。使用者がこうした検査の実施や前提となる体制の整備自体を怠っている場合は，安全配慮義務違反が肯定されやすくなる可能性がある。

雇止め対象者の選定基準の不告知と雇止めの有効性
——日本郵便（苫小牧支店・時給制契約社員 A 雇止め）事件・
札幌高判平成26・2・14労判1093号74頁,
日本郵便（苫小牧支店・時給制契約社員 B 雇止め）事件・
札幌高判平成26・3・13労判1093号5頁——

篠 原 信 貴

（関西外国語大学）

I 事実の概要

　本件は，Y 社が有期契約を締結している労働者らに労働時間の短縮を打診した後に行った雇止めの有効性が争われた事案である。2名の労働者が原告として地位確認等を求めて訴訟を提起した（以下それぞれ「A 事件」[1]「B 事件」[2]とする）。A 事件では請求が棄却されたため X（A）が，B 事件では請求が認容されたため Y 社が，それぞれ控訴した（以下 A 事件の原告であり控訴人を「X（A）」，B 事件の原告であり被控訴人を「X（B）」，両名を合わせて「X ら」とする）。
　Y 社（A 事件被告・被控訴人，B 事件被告，控訴人）[3]は，経営改善策の一環として苫小牧支店において期間雇用社員の人件費削減のため配置時間を見直し，平成23年6月以降は，それまでの配置時間合計から週110時間削減した1612時間を相当であると判断した。そこで，平成23年7月13日頃から同月21日を期限として，同目標達成のため時給制契約社員23名のうち3名程度の退職を意図し希

---

1) 日本郵便（苫小牧支店・時給制契約社員 A 雇止め）事件・札幌地裁平成25・3・28労判1082号66頁，札幌高判平成26・2・14労判1093号74頁。
2) 日本郵便（苫小牧支店・時給制契約社員 B 雇止め）事件・札幌地判平成25・7・30労判1082号24頁，札幌高判平成26・3・13労判1093号5頁。
3) 日本郵政公社がいわゆる郵政民営化により郵便事業株式会社として発足し，その後吸収合併により日本郵便（株）となったのが Y 社であるが，本稿では継承の前後を問わず Y 社と表記する。

望退職者の募集を行ったが、これに応じた者はいなかった。そのため、Y社は労働時間の短縮による人件費削減を狙い、「勤務日数、勤務時間の短縮に関する意向調査」と題する書面を配布し、上司の面談等を通じて時給制契約社員の意向を確認をした（Xらは平成23年7月28日に面談を行っている）。同調査において、3名の時給制契約社員が労働時間の短縮に応じたが、削減された時間は合計週12時間に止まり、Xらを含めたその余の時給制契約社員は労働時間の短縮に応じなかった。

この結果を受けてY社は3名を雇止めすることとし、その対象者として、労働時間の短縮に応じた者を雇止めの対象者から除外した上で、最も人事評価の低い者、またその次に評価の低い者の中から、最も年齢の低い者としてX（B）、過去に戒告の懲戒処分を受けた経歴のあるX（A）の3名を選択した。平成23年8月25日、Y社はXらに雇止めの通知を行い、同年9月30日の期間満了をもってXらは雇止めされた。Y社は、労働時間の短縮に応じなかった者から優先的に雇止めを行っていくという「一般的方針」については告知していなかった。なお、Xらの契約期間は6ヶ月、更新回数は7回ないし8回である。

II　判　決　要　旨

1　A事件（地裁：請求棄却、高裁：請求棄却）

A事件高裁判決は、整理解雇法理を用いて雇止めの有効性を検討し、地裁判決を引用しつつ、営業利益が減少していること、希望退職者募集を行い、さらに労働時間の短縮に応じる労働者の募集を行っていること、労働時間の短縮に応じなかった時給制契約社員の中から勤務評価等を用いて雇止め対象者を決定したこと、人件費削減目標を示す際や希望退職者を募る際に、書面を交付・説明していること等を指摘し、人員削減の必要性、雇止め回避努力、対象者の人選及び手続きの相当性に欠けるところはなく、仮に本件雇止めに解雇の法理が類推適用されるとしても、X（A）に対する雇止めは、客観的に合理的な理由を欠き社会通念上相当でないとはいえないとして、X（A）の請求を退けた。

「一般的方針」については，地裁判決は，意向調査面談の時点で一般的方針が定まっておらず，事前告知は不可能であったとしたのに対し，高裁判決は，一般的方針の告知によって雇止めを回避することができたことが認められない限り，一般的方針を告知しないことが雇止め回避努力として不十分であったとはいえないが，本件において一般的方針の告知によって雇止めを回避することができたことを認めるに足りる証拠はなく，「その人選が恣意的であるとか手続きが濫用的であるなどの特段の事情が認められない本件においては，雇止め回避努力として不十分である……とまでは認められない」し，「Y社において労働時間の短縮に応じた者を雇止めの対象から除外することを告知すべき義務があったともいえない」とした。

2 B事件（地裁：請求認容，高裁：請求棄却）

B事件地裁判決は，「Y社の時給制契約社員は……労働力の調整の必要性がある等の事情がない限り，基本的には継続することが予定されていることが明らかであり，X（B）の雇用継続に対する期待には合理性が認められる」として解雇に関する法理の類推を認め，雇止めには整理解雇に準じる要件を求めるとした上で，「Y社としては，雇止め対象者の人選の上で，労働時間の短縮に応じたか否かが最優先の選別基準になることを時給制契約社員に説明し，それに応じない場合の一般的なリスクをきちんと認識させた上で，意思決定の機会を与えるべきであった」し，労働時間短縮措置についての上司との「面談の段階では，この一般的方針が定まっていなかったとすれば，その場で説明することはできないが，Y社において，労働時間の短縮の意向を示した時給制契約社員が少なかったことを受けて，雇止めの検討を始め，この一般的な方針を決定した段階（具体的な人選を行う前）で，それをミーティングの席等で時給制契約社員に説明すれば足りるのであるから，面談時に説明できなかったからといって，その後一切説明しなかったことが正当化されるものではない」等として，雇止め回避努力を果たさなかったと述べ，雇止めを違法としてX（B）の請求を認容した。

B事件高裁判決は解雇に関する法理の類推等については概ね地裁判決を引用

しつつ，「一般的方針」について，Y社が行った説明からは，「労働時間短縮に応じた者と応じなかった者とがいた場合には，後者がより雇止めのリスクが高くなるであろうことは容易に認識できた」から，「Y社が，X（B）に対し，労働時間短縮に応じた者と応じなかった者とが分かれた場合には，後者から優先的に雇止めを行っていくということを一般的方針の形で告知しなかったことに特段問題があったということはできない」し，仮に労働時間短縮の意向調査時に「上記一般的方針を告知するとしても，合意に至る短縮労働時間によっては雇止めを回避できない可能性があるから，現実的には，Y社に上記一般的方針を告知することを求めることは困難を強いるものというべきであり，このことは上記以前の時点でも同様である」とし，その他の点でも雇止めを違法とする理由が認められないとして，X（B）の請求を退けた。

III 検 討（AB両事件高裁の結論に賛成）

1 本判決の特徴

本件において，Y社は労働時間の短縮を図ることにより（以下「時短要請」ということがある）雇止め回避を図っており，整理解雇的雇止めの手法についての事例判断である。A事件では地裁高裁ともに雇止めの合理性・相当性を認める一方，雇用継続に対する合理的な期待の有無については判断をしていない。B事件では，地裁高裁ともに雇用継続に対する合理的な期待を認めたうえで解雇法理の類推を認めており，雇止めの合理性・相当性については判断が分かれているが，その違いは時短要請に応じなかった労働者から優先的に雇止めの対象とするとの「一般的方針」を労働者に告知していなかった点の評価の差異に[4]尽きる。

2 解雇法理の類推適用の可否

本件のB事件地裁判決では，労働力の調整の必要がない限り継続が予定さ

---

4) B事件地裁判決はこの問題を人選，手続きの相当性にも影響とすると捉えているようであるが，判断としては雇止め回避努力に位置づけて検討している。

れる契約であるとして解雇法理（解雇権濫用法理）の類推が認められており（該当部分を高裁も引用），日立メディコ事件[5]が参照されている。これに対しA事件では，雇止めに合理性・相当性が認められ，仮に雇止めに解雇法理の類推があっても，雇止めは有効であると判示しているので，類推適用の可否がストレートに判断されたわけではない。一般に，雇止めにおける判例法理には，東芝柳町工場事件判決を先例とするもの（実質無期タイプ[6]）と，日立メディコ事件判決を先例とするもの（期待保護〔反復更新〕タイプ）があり[7]，現労働契約法19条1号2号に結実したといわれるが[8]，本件ではAB事件双方ともに裁判所はその差異を意識しているようにはみえない。実質無期タイプよりも，期待保護〔反復更新〕タイプの方がより広く認められやすいから，雇用継続の合理的な期待の有無を測れば足り，あとは雇止めの合理性・相当性審査に移行すればよいとの理解であろう。しかし，仮にタイプの違い（あるいは労働契約法19条1号と同条2号該当性）により解雇法理の類推後に求められる雇止めの合理性・相当性審査の程度に差異があるならば[9]，裁判所は本件が両タイプのどちらに当たるのか（あるいはどちらにも当たらないのか）について，判断を示すべきであったという批判が生じうる。

　この点，類推後に求められる雇止めの合理性・相当性審査の程度に差異があるとする見解は，実質無期タイプは正社員に近いことからその要保護性が高くなること[10]，労働契約法19条1号が客観的状況，同条2号が主観的状況に着目したもので，両者は「質」的に異なることなどをその理由とする[11]。

　確かに，両タイプの差異は，雇止めに対する解雇法理の類推の基礎の違いに

---

5) 最1小判昭和61・12・4労判486号6頁。
6) 最1小判昭和49・7・22民集28巻5号927頁。
7) その他，期待保護（継続特約）タイプを含めて，判例法理の類型化したものとして，有期労働契約の反復更新に関する調査研究会「有期労働契約の反復更新に関する調査研究会報告」（座長山川隆一・2000年）15頁以下。
8) 荒木尚志ほか著『詳説　労働契約法〔第2版〕』（弘文堂，2014年）204頁。
9) 判例の分析として，小宮文人『雇用終了の法理』（信山社，2010年）153頁。
10) 西谷敏ほか編『新基本コンメンタール労働基準法・労働契約法』（日本評論社，2012年）427頁［山川隆一執筆部分］。
11) 荒木尚志編著『有期雇用法制ベーシックス』（有斐閣，2014年）97頁［池田悠執筆部分］。

より生じたものであるが，そのことは審査基準の差異には直結しないと考えるべきである。[12] 類推適用された結果としての雇止めの合理性・相当性，労働契約法に即して言えば19条本文該当性には，あらゆる事情が反映されるので，正社員との異同や職務内容，採用手続き等も考慮要素となる。そのため，実質無期タイプであれば，期待保護〔反復更新〕タイプよりも，職務内容，更新手続き等から雇止めの合理性・相当性が認められにくく，結果として審査基準に差異が生じているようにみえるに過ぎない。そもそも，契約当事者の意思解釈として，必ずしも有期か無期かという二者択一的解釈をすることは妥当でない。有期契約であっても当該期間が形骸化していたり，契約当事者が更新をある程度想定していたりと，期間の意義が後退していることは考えられ，かような状態の有期契約に対応するために，雇止め制限法理が構築されたと捉えるべきであろう。いうなれば，有期と無期との中間的な契約に対応する点に雇止め制限法理の意義があると捉えるべきで，タイプの違いにより審査基準が異なると理解してしまうと，両タイプの中間にあるような有期契約への対処が困難になる。

本件において裁判所は，両タイプの差異にかかる判断要素となりうる採用手続きや更新の状況等も，雇止めの合理的理由の存否の中で判断可能であり，また判断していたと考えられるから，その判断手法に異論はない。

3　雇止めの合理性・相当性

本件は，人件費削減のためになされた雇止めであり，会社側に起因する事由に基づく雇止めである。従来から裁判所はこのような雇止めに解雇法理を類推する際，求められる雇止めの合理性・相当性判断につき整理解雇法理を用いている。もっとも，整理解雇法理が無期契約のいわゆる正社員を念頭において構築されてきた法理であることから，雇止めにおいてこれを用いる際には，その判断基準は緩和されている。裁判例において判断基準緩和の根拠として挙げら

---

12) 当然更新の予定から解雇の法理の類推を導くか，雇用継続に対する合理的期待から導くかの違いと捉えるべきである。小宮・前掲注9）136-138頁，川口美貴＝古川景一「労働契約終了法理の再構成」季労204号（2004年）50頁，大内伸哉編『有期労働契約の法理と政策』（弘文堂，2014年）39頁〔篠原信貴執筆部分〕。

れているものは，正社員との採用手続きの差異[13]，雇用継続の期待の差異[14]，職務内容の差異から導かれる契約関係存続の要否・程度[15]，採用・処遇の方策の違い[16]の他，有期労働契約という法形式等[17]である。なかには，雇止めの判断において使用者には一定の裁量があり，「それまで雇用していた原告らを雇止めする必要がないのに原告らに対して恣意的に雇用契約を終了させようとしたなどその裁量の範囲を逸脱したと認められるような事情のない限り……解雇権の濫用に当たると認めることはできない」と判示するものもある[18]。特に有期契約という法形式をとっており，あくまで類推適用に過ぎないという点を重視した判断である。

4 整理解雇法理と雇止め

(1) 四要件（四要素）

本件においては，整理解雇法理の四要件の充足は認めやすい。Y社は，経営改善計画の一環としての人件費の削減を意図し，週労働時間110時間分の削減を目標に時給制契約社員に対して希望退職者の募集をし，労働時間短縮についての合意を目指して労働者に意向確認を行い，それでも目標に到達しなかったため雇止めに踏み切った。従来の裁判例の傾向からみて，人員削減の必要性は認められよう。雇止め回避努力についても，裁判例において，ワークシェアリングの申出などを雇止め回避努力と認めるものがある[19]が，本件のように一定の人件費の削減が目的であり，対象労働者が時給制を採っていること等の事情はワークシェアリングを試みることが可能な状況を形成しており，まさに本件でこれが試みられていることは，雇止め回避努力として評価すべき事情である。

---

13) 前掲注5）日立メディコ事件。
14) 芙蓉ビジネスサービス事件・長野地判松本支決平成8・3・29労判719号77頁。
15) 学校法人加茂暁星学園事件・新潟地判平成22・12・22労判1020号14頁。
16) 旭硝子船橋工場事件・東京高判昭和58・9・20労判416号35頁。
17) 明石書店（製作部契約社員・仮処分）事件・東京地決平成22・7・30労判1014号83頁。
18) 学校法人加茂暁星学園事件・新潟地判平成22・12・22労判1020号14頁。
19) トーホーサッシ事件・福岡地決平成23・7・13労判1031号5頁，江崎グリコ（雇止め・仮処分）事件・秋田地判平成21・7・16労判988号20頁。

雇止め対象者の選択ないし手続きの面から見ても，一般的方針の不告知という点を除けば，概ねY社の対応からは四要件の充足を認めてよい。

(2) 「一般的方針」の不告知

(a) それでは，本件での一般的方針の不告知についてはどのように考えるべきか。この点，B事件地裁判決は，一般的方針を告知することで初めて時短要請に対して労働者らが意思決定を行う機会を得られると捉えている。ただ，そうだとすると，この一般的方針は時短要請の意向確認時ないしそれ以前に示されていなければならない。しかし，裁判所はY社が一般的方針を決定した時期を時短要請の意向確認時ないしそれ以前であると認定していない。A事件地裁判決は，この時点では一般的方針は定まっていなかったと認定しているが，この点は高裁判決が補正しており，結局一般的方針の決定時期は明確ではない。B事件地裁判決は，X（B）を含む時給制契約社員と上司との面談の段階で一般的方針が定まっていなかったとすれば，労働時間短縮の意向を示した時給制契約社員が少なかったことを受けて一般的方針を決定した段階で，ミーティング等で説明すれば足りるとするが，その段階では一般的方針を告知されることによってX（B）が行える意思決定の段階は過ぎている。B事件地裁判決自身が指摘するように，再度，個別的に労働時間の短縮に応じなければ雇止めするとして労働者に再考を促すことまでY社に求めることは，再び人選をやり直す必要が生じ，雇止めの手続きが遅延・混乱しかねない。期間の定めのない，いわゆる正社員の整理解雇に対して要求される整理解雇の準備期間と，本件のように6ヶ月の期間の契約を更新している労働者に対する雇止めにおけるそれとは異なって評価すべきであるから，人選を終えた後に再考を促すようなことは，少なくとも本件においては不要であろう。

結局，時短要請の意向確認時に一般的方針が定まっていなかったのであれば，その時点でY社から一般的方針を告知することは不可能で，その後に一般的方針が定まっても，少なくとも労働者の意思決定に影響を与えるという意味で告知することはもはやできないのであって，雇止め回避努力として問題視することではない。

これに対し，B事件高裁判決は，時短要請に応じなければ雇止めのリスクが

高まることが容易に認識できたと指摘しつつ，一般的方針を告知しても合意に至る短縮労働時間によっては雇止めを回避できない可能性があるから，その告知を求めることはY社に困難を強いることになるとして，一般的方針を告知せずとも雇止め回避努力は果たされたと判断しているが，この判断についてもやや疑問が残る。リスクの認識については，一般的には認識可能であるといえるとしても，一般的方針の告知があれば，Xらにとって当該リスクの高まりの程度をより正確に把握できるから，そこには大きな差異がある。B事件では，X（B）は自身よりも人事考課上の評価の低い者が雇止めの対象になるため，自身は雇止め対象外であると考えていたが，実際にはその3名は時短要請に応じたために，自身が雇止めの対象となった。時短要請の後に来る雇止めの人選基準が公開されない段階では，時短要請に応じないことによるリスクを正確に見積もることはできない。その意味で，一般的方針が定まっていれば，その告知が望ましいことは当然ではある。ただ，問題はその選択権を明確に付与していないことが当該雇止めを違法とする評価に結びつくか否かである（この点は(c)で再度検討する）。

　一般的方針の告知はY社に困難を強いるものという評価については，時短要請に応じれば雇止めしないという告知をせよということではなく，あくまでこれに応じた者と応じなかった者とが分かれた場合には，後者から優先的に雇止めを行っていくという一般的方針の告知に過ぎないのであるから，別段困難を強いるものとまではいえないとするB事件地裁の判断が妥当である。一般的方針が，労働時間の短縮に応じた者は再雇用するが，これに応じないものは雇止めする可能性があるという趣旨のものであれば，対象労働者全員がごく短い時短要請にしか応じず全体の削減目標に到達しなかった場合には，応じた者の中から雇止め対象者を選ばざるを得なくなり，その告知は困難を強いるものと評価できる。しかし，一般的方針は雇止め対象労働者の選択の方針に過ぎないから，全員が労働時間の短縮に応じ，かつ予定している削減時間に達しない事態が生じても，なお労働時間の短縮に応じた者の中から雇止め対象者が出ることを否定するものではない。

　(b)　それでは，一般的方針の告知はいかなる意味を持つといえるか。仮に，

Y社が最低限応じて欲しい短縮時間を提示し、これに応じない限り更新を拒絶するとの方針で契約更新に臨み、結果として雇止めが生じれば、時短要請に応じるか否かが契約更新の条件となるから、この問題は変更解約告知類似のものとなる。その場合には雇止めの合理性判断には、Y社が提示した時短要請を労働条件の変更と捉え、これが合理的な変更であるかどうかという点を加味して、雇止めの有効性を判断すべきことになろう。[20] 本件の一般的方針についてみれば、Y社がその方針を貫徹し、また時給制契約社員の従前の労働時間に大きな差異がないとすれば、削減目標の110時間を対象労働者23人で除して得た時間分の削減に応じれば、その方針の下では雇止め対象から外れることが明白になるので、労働者は雇止めのリスクをほぼ解消させることができる。そうすると、一般的方針の告知は、労働者にとっては時短要請を拒絶して雇止めのリスクを負うか、これを受け入れてそのリスクを解消するか、あるいは一部だけ受け入れてリスクの軽減を図るか選択できることを意味する。そのような選択権を付与していれば、すなわち本件で時短要請の意向確認時に一般的方針を示していれば、時短要請の合理性（労働条件変更の合理性）を前提に、これに応じない労働者を雇止めすることを正当化する決定的な要素になりえたと評価しうる。しかし、本件ではこれが告げられなかった。そのことは、当該雇止めを違法とする評価に結びつくか。

(c) 仮に、一般的方針の決定が時短要請の後になり、告知ができなかったとしても、そのことは労働者に時短か雇止めかという選択権を付与できなかったというに止まり、雇止め回避のためにできることがあるのにこれをしなかったという意味で、雇止め回避努力を果たさなかったとして雇止めを違法と評価する要素にはなりえない。人選の相当性の面で検討しても、当該基準が時短要請後に採用されたことが、Y社が恣意的に雇止め対象者を選択するためであると認められる特段の事情があればともかく、一般的にはY社の恣意性の排除された基準であり、不合理なものとはいえない。手続きについてみても、時短要請後、雇止め前に一般的方針が定まっている場合に、当該方針を雇止め前

---

20) 荒木尚志ほか・前掲注8) 224頁。

に告げるべきだという規範を打ち立てることは，人選基準そのものを雇止めの告知前に開示しなければならない義務の設定と同じ事であり，それは雇止めの通知が期間満了のどの程度前に必要かという問題に吸収されよう。本件では最終更新がなされた雇止めの半年前から経営改善策が練られていることをXらは知りえる立場にあり，結果によっては雇止めに結びつくような時短要請がなされ，最終的に雇止めの対象者に選択された旨の通知が期間満了の概ね1ヶ月前であることを鑑みれば，不告知の事実が雇止めの違法性を基礎付けるものとは考えられない。

　それでは，事前に一般的方針が定まっていた場合はどうか。しかしこの場合でも，一般的には事前に告知しておかなければ直ちに雇止めが違法になるとは評価しがたい。整理解雇法理は，その有効性を4つの観点から審査しようとするもので，人選の基準を事前に告げて，対象となる可能性のある者に労働条件の変更との選択権を付与することまで求めていないからである。そもそもワークシェアリングを行うことが雇止めの必須の条件と評価できるかどうかが困難であるのに，これを行う際に一般的方針の告知まで義務付けるのは難しい。実質的にも，時短要請をしつつ一般的方針を告知しないで行う雇止めが，時短要請をしないまま雇止めに踏み切るより厳しい基準で審査されることになるとの結論は妥当でない。

　本件において，一般的方針の不告知をもって雇止めを違法と評価するためには，雇止めの対象者が時給制であり，週110時間の削減と当該時間契約している労働者の雇止めが人件費の削減の点からほぼ同じ効果があることという事情の下では，ワークシェア型の雇止め回避努力が求められると解した上で，事前に一般的方針が定まっていたという認定が必要であろうと考える。しかしながら，一般的方針の決定時期が不透明である以上，その不告知をもって雇止めを違法とは評価できないと解するほかなく，AB両事件高裁判決の結論に賛成する。

（しのはら　のぶたか）

◆日本労働法学会第128回大会記事◆

日本労働法学会第128回大会は，2014年10月19日（日）に静岡大学において，大シンポジウムの一部構成で開催された（以下，敬称略）。

一　大シンポジウム
統一テーマ「労働組合法立法史の意義と課題」
司会：土田道夫（同志社大学），野川忍（明治大学）
報告の趣旨と構成：野川忍
報告：
(1)富永晃一（上智大学）
「労働組合法立法過程にみる労働組合の規制の変容──昭和24年労働組合法の総則・労働組合関係規定を中心に──」
(2)竹内寿（早稲田大学）
「団体交渉過程の制度化，統一的労働条件決定システム構築の試みと挫折──昭和24年労組法改正における団体交渉，労働協約規定の検討を中心に──」
(3)中窪裕也（一橋大学）
「昭和24年労働組合法の立法過程と不当労働行為制度──アメリカ化の圧力，反作用，断裂──」
(4)野田進（九州大学）
「昭和24年労組法における労働委員会制度の完成──その生成経緯から見た現代的課題──」
(5)仁田道夫（非会員・国士舘大学）
「労使関係論からみた昭和24年労組法改正過程──アメリカ・モデルと戦後直後型労使関係の相克？──」

二　総　会
1　奨励賞結果報告
和田代表理事より，本年度については該当者がいない旨報告された。

2　理事選挙の結果について
米津選挙管理委員長を代理し，荒木事務局長より，本年7月に行われた理事選挙

の結果について以下の通り報告がなされた。
- 理事当選者（50音順）
　　荒木尚志，緒方桂子，鎌田耕一，鴨田哲郎，中窪裕也，根本到，水島郁子，
　　水町勇一郎，村中孝史，和田肇
　また，大会当日に開催された当日理事会にて，以下の5名が推薦理事に選出された旨報告された（50音順）。
　　大内伸哉，奥田香子，小畑史子，木下潮音，矢野昌浩

3　第129回大会およびそれ以降の大会について
野川企画委員長より，以下の通り報告がなされた。
（1）企画委員の交代について
野川企画委員長より，第128回大会前日企画委員会の終結時をもって，國武英生会員が退任し，後任は山下昇会員（九州大学）となる旨報告がなされた。
（2）第129回大会（2015年春）について
ア　期日等
　期日：2015年5月17日（日）
　会場：近畿大学
イ　個別報告
　　第1会場：石﨑由希子会員（司会：荒木尚志理事），植村新会員（司会：村中孝史理事）
　　第2会場：黒岩容子会員（司会：浅倉むつ子理事），鄒庭雲会員（司会：野田進理事）
ウ　ミニ・シンポジウムについて
　以下の企画が予定されている旨，報告された。
　①テーマ：「労働条件の決定・変更と労働者の同意」
　　担当理事：土田道夫（同志社大学）
　②テーマ：「ワークルール教育の意義と課題」（仮題）
　　担当理事：道幸哲也（放送大学）
　③テーマ：「男女雇用機会均等法をめぐる理論課題の検討」
　　担当理事：浅倉むつ子（早稲田大学）
エ　特別講演について
　講演者：萬井隆令会員（龍谷大学名誉教授）
　演題：「労働法解釈の在り方について――実情・実態の把握，分析，法理論化――（仮題）」

(3) 第130回大会（2015年秋）について
ア　期日等
　期日：2015年10月18日（日）
　会場：東北大学
イ　大シンポジウムについて
　「企業変動における労使関係の法的課題」（仮題）
　担当理事：山川隆一（東京大学）
(4) 第131回大会（2016年春）について
ア　期日等
　期日：2016年5月29日（日）
　会場：同志社大学
イ　個別報告について
　2015年4月30日（木）を締切日として，個別報告のエントリーを募集する。日本労働法学会ウェブサイト上に，エントリー用紙を掲載する。
ウ　ミニ・シンポジウムについて
　2015年4月30日（木）を締切日として，ミニシンポジウムのエントリーを募集する。
(5) その他
ア　個別報告のエントリー審査基準について
　以下の二点を，審査基準として，個別報告のエントリー用紙に記載することが報告された。
- 個別報告の内容は，学術研究の成果として認めうるものであること
- 一定の学問的水準に達していること

イ　特別講演について
　特別講演は，若い会員の励み，示唆になるような講演という観点も踏まえて実施されるものであり，講演者がいない場合は必ずしも毎年実施するものではないことが確認された。

4　学会誌について
(1) 編集委員の交代等について
　唐津編集委員長より，編集委員について，天野晋介会員が2014年9月の任期満了により山本陽大会員（労働政策研究・研修機構）に交代したこと，春田吉備彦会員が2014年9月の任期満了により河合塁会員（岩手大学）に交代したことが報告された。

(2) 学会誌について

唐津編集委員長より，学会誌第124号は学会前に刊行済みであることが報告された。

2015年春刊行予定の学会誌第125号については，大シンポジウム報告論文，回顧と展望，学会奨励賞，定例記事を掲載する予定であることが報告された。また，2015年秋刊行予定の学会誌第126号については，個別報告，特別講演，ミニ・シンポジウム，回顧と展望等を掲載する予定であることが報告された。

5　労働法講座出版企画について

和田代表理事から，各巻の編集委員は以下の通りであり，執筆者は1950年以降に生まれた者を対象とすること，第129回大会にて各巻の項目と執筆者を決定し，出版社から通知を行い，2016年春までに原稿を集め逐次出版する予定である旨報告された。

• 各巻の編集委員
　第1巻「労働法の基礎理論」：荒木尚志，村中孝史，山川隆一
　第2巻「労働契約の理論」：野田進，奥田香子，矢野昌浩
　第3巻「労働条件」：唐津博，有田謙司，緒方桂子
　第4巻「人格・平等・家族責任」：和田肇，根本到，名古道功
　第5巻「集団的労使関係の理論と課題」：野川忍，中窪裕也，水島郁子
　第6巻「労働法の課題」：島田陽一，土田道夫，水町勇一郎

6　日本学術会議について

浅倉理事を代理し，和田代表理事より，浅倉理事の日本学術会議会員任期が満了し，当学会からの会員はなくなり，連携会員のみとなるため，次回以降，理事会および総会にて日本学術会議に関する報告を行い，学会誌に掲載することができなくなること，今後特別な必要性がある場合には，連携会員が報告を行うことがありうることが報告された。

7　国際労働法社会保障法学会について

荒木事務局長より，以下の報告がなされた。
• 2014年9月17日に開催された理事会にて，国際学会次期会長（任期は2015年―18年）にTiziano Treu教授（イタリア）が選出された。
• 第11回欧州地域会議がアイルランド（ダブリン）で2014年9月17日～19日に開催された。

- フィリピン・アジアセミナー

　韓国（ソウル）で2014年6月に開催予定であったアジア地域会議が中止となったが，フィリピン大学（フィリピン・ケソン市）にて，2014年11月19日〜21日開催のアジアセミナー「グローバル化と労働管理に関するアジア会議—労働移動・社会保障および地域統合」が当学会の積極的支援の下に開催されることとなった。
- 今後の当学会関係の国際学会として，

　第21回世界会議が2015年9月15日〜18日に南アフリカ（ケープタウン）

　　第1テーマ：団体交渉を超えて（General Reporter: Graciela Bensusan）
　　第2テーマ：労働法を基礎づける概念としての労働における平等と市民（General Reporter: Judy Fudge）
　　第3テーマ：社会的排除から社会保障へ（General Reporter: Kamala Sankaran）
　　第4テーマ：労働法と発展（General reporter: Simon Deakin）

が開催される。

　また，第10回アメリカ地域会議が2016年にパナマにて，第9回アジア地域会議が2016年にインドにて開催されることが決定されたが，具体的な開催日時については今後調整されることとなった。

8　入退会について

　荒木事務局長より，退会者1名，および以下の2名について入会の申込みがあったことが報告され，総会にて承認された（50音順）。

　　松﨑基憲（弁護士），南健悟（小樽商科大学）

9　その他

- 大会における託児サービスについて

　根本理事を代理し，荒木事務局長より，第128回大会では，託児サービスを静岡大学多目的保育施設「たけのこ」協定保育事業者に依頼し，子ども1名分の申込みがあったことが報告された。

◆日本労働法学会第129回大会案内◆

1 　日時：2015年5月17日（日）
2 　会場：近畿大学（社会保障法学会と同会場）東大阪キャンパス
3 　内容
　（1）　個別報告
〈第1会場〉
・テーマ：「疾病による労働契約の終了――疾病休職過程における法的規律の日独比較――」
　　報告者：石﨑由希子（横浜国立大学）
　　司　会：荒木尚志（東京大学）
・テーマ：「労働協約締結権の再構成――ドイツ法における協約能力の議論を契機として――」
　　報告者：植村新（和歌山大学）
　　司　会：村中孝史（京都大学）
〈第2会場〉
・テーマ：「EU性差別禁止法の展開――実質的平等法理生成の意義と課題――」
　　報告者：黒岩容子（弁護士）
　　司　会：浅倉むつ子（早稲田大学）
・テーマ：「労働者派遣における契約関係をめぐる法的考察」
　　報告者：鄒庭雲（九州大学）
　　司　会：野田進（九州大学）
　（2）　特別講演
　　報告者：萬井隆令（龍谷大学名誉教授）
　　テーマ：「労働法解釈の在り方について――実態の把握，分析，法理論化――」
　（3）　ミニ・シンポジウム
・テーマ：「労働条件の決定・変更と労働者の同意」
　　司　会：唐津博（中央大学）
　　報告者：奥田香子（近畿大学）
　　　　　　石田信平（北九州市立大学）
　　　　　　土田道夫（同志社大学）
・テーマ：「ワークルール教育の意義と課題」

司　会：道幸哲也（放送大学）
　報告者：國武英生（小樽商科大学）
　　　　　淺野高宏（北海学園大学・弁護士）
　　　　　開本英幸（弁護士）
• テーマ：「男女雇用機会均等法をめぐる理論課題の検討」
　司　会：浅倉むつ子（早稲田大学），山川隆一（東京大学）
　報告者：相澤美智子（一橋大学）
　　　　　富永晃一（上智大学）
　　　　　神尾真知子（日本大学）

（以上，敬称略）

日本労働法学会規約

第1章　総　　則

第1条　本会は日本労働法学会と称する。
第2条　本会の事務所は理事会の定める所に置く。（改正，昭和39・4・10第28回総会）

第2章　目的及び事業

第3条　本会は労働法の研究を目的とし，あわせて研究者相互の協力を促進し，内外の学会との連絡及び協力を図ることを目的とする。
第4条　本会は前条の目的を達成するため，左の事業を行なう。
　1．研究報告会の開催
　2．機関誌その他刊行物の発行
　3．内外の学会との連絡及び協力
　4．公開講演会の開催，その他本会の目的を達成するために必要な事業

第3章　会　　員

第5条　労働法を研究する者は本会の会員となることができる。
　本会に名誉会員を置くことができる。名誉会員は理事会の推薦にもとづき総会で決定する。
　（改正，昭和47・10・9第44回総会）
第6条　会員になろうとする者は会員2名の紹介により理事会の承諾を得なければならない。
第7条　会員は総会の定めるところにより会費を納めなければならない。会費を滞納した者は理事会において退会したものとみなすことができる。
第8条　会員は機関誌及び刊行物の実費配布をうけることができる。
　（改正，昭和40・10・12第30回総会，昭和47・10・9第44回総会）

第4章　機　　関

第9条　本会に左の役員を置く。
　1．選挙により選出された理事（選挙理事）20名及び理事会の推薦による理事（推薦理事）若干名

2．監事　2名

　　（改正，昭和30・5・3第10回総会，昭和34・10・12第19回総会，昭和47・10・9第44回総会）

第10条　選挙理事及び監事は左の方法により選任する。

1．理事及び監事の選挙を実施するために選挙管理委員会をおく。選挙管理委員会は理事会の指名する若干名の委員によって構成され，互選で委員長を選ぶ。

2．理事は任期残存の理事をのぞく本項第5号所定の資格を有する会員の中から10名を無記名5名連記の投票により選挙する。

3．監事は無記名2名連記の投票により選挙する。

4．第2号及び第3号の選挙は選挙管理委員会発行の所定の用紙により郵送の方法による。

5．選挙が実施される総会に対応する前年期までに入会し同期までの会費を既に納めている者は，第2号及び第3号の選挙につき選挙権及び被選挙権を有する。

6．選挙において同点者が生じた場合は抽せんによって当選者をきめる。

推薦理事は全理事の同意を得て理事会が推薦し総会の追認を受ける。

代表理事は理事会において互選し，その任期は2年とする。

　　（改正，昭和30・5・3第10回総会，昭和34・10・12第19回総会，昭和44・10・7第38回総会，昭和47・10・9第44回総会，昭和51・10・14第52回総会，平成22・10・17第120回総会）

第11条　理事の任期は4年とし，理事の半数は2年ごとに改選する。但し再選を妨げない。

監事の任期は4年とし，再選は1回限りとする。

補欠の理事及び監事の任期は前任者の残任期間とする。

　　（改正，昭和30・5・3第10回総会，平成17・10・16第110回総会，平成22・10・17第120回総会）

第12条　代表理事は本会を代表する。代表理事に故障がある場合にはその指名した他の理事が職務を代行する。

第13条　理事は理事会を組織し，会務を執行する。

第14条　監事は会計及び会務執行の状況を監査する。

第15条　理事会は委員を委嘱し会務の執行を補助させることができる。

第16条　代表理事は毎年少くとも1回会員の通常総会を招集しなければならない。

代表理事は必要があると認めるときは何時でも臨時総会を招集することができる。総会員の5分の1以上の者が会議の目的たる事項を示して請求した時は，代表理事は臨時総会を招集しなければならない。

第17条　総会の議事は出席会員の過半数をもって決する。総会に出席しない会員は書面により他の出席会員にその議決権を委任することができる。

第5章　規約の変更

第18条　本規約の変更は総会員の5分の1以上又は理事の過半数の提案により総会出席会員の3分の2以上の賛成を得なければならない。

平成22年10月17日第120回総会による規約改正附則
第1条　本改正は，平成22年10月1日より施行する。
第2条　平成22年10月に在任する理事の任期については，次の通りとする。
　一　平成21年5月に就任した理事の任期は，平成24年9月までとする。
　二　平成22年10月に就任した理事の任期は，平成26年9月までとする。
第3条　平成21年5月に在任する監事の任期は，平成24年9月までとする。

学会事務局所在地
　〒113-0033　東京都文京区本郷7-3-1　東京大学法学部
　荒木尚志研究室
　TEL：03-5841-3224
　FAX：03-5841-3224
　e-mail：rougaku@gmail.com

SUMMARY

Purpose of Symposiums

Shinobu NOGAWA

Trade Union Law of Japan was established in 1945. In this time, the Constitution has not yet been made, labor relations laws and regulations such as the Labor Standards Act also not been enacted. This shows that in occupation policy, the construction of industrial relations was so important that Trade Union Law was at first must be made. In this symposium, the history of Trade Union Law and the critical issues about this law is considered. At first, the contents of the law, which was enacted in 1945, will be verified and analyzed. In addition, it is to be examined in detail the circumstances leading to the large revision of 1949. In particular, issues that have been discussed as a major problem until now such as unfair labor practices, the labor committee system, and the collective bargaining system, are scrupulously. Through this symposium, it is expected that the discussion for restructuring of labor-management relations is activated.

Transformation of Regulations to Trade Union: Trade Union Laws of 1945 and 1949

Koichi TOMINAGA

I   Introduction

II Workers, Employer, and Persons Who Represent the Interests of Employer

III Persons Who Represent the Interests of Employer and "Ranking Officials' Union"

IV Conclusion

The Legislative History of the Trade Union Law of 1949 Regarding Institutionalization of Bargaining Process and Establishment of a System of Uniform Determination of Working Conditions in the Field of Labor Law: What Can We Learn from the Failed Attempt?

Hisashi TAKEUCHI-OKUNO

This article reviews the legislative history of the provisions concerning collective bargaining and the scope of application of a collective bargaining agreement in the earlier drafts of the Trade Union Law of 1949 ("TUL of 1949"), revealing how the duty to bargain in good faith and the

SUMMARY

system of exclusive representation were drafted before being abandoned in the 8th draft, and examines what we can learn from the legislative history with regard to collective determination of working conditions.

The Trade Union Law of 1945 ("TUL of 1945"), which preceded the TUL of 1949, stipulated only the authority of a representative of a union to bargain collectively. The earlier drafts of the TUL of 1949 introduced the duty to bargain in good faith for both employer and labor union and enumerated cases in which bargains were no longer in good faith and could be terminated. With regard to the system of bargaining unit and bargaining representative, they stipulated that in case a unit and a bargaining representative were decided, the bargaining representative basically had exclusive right to bargain for all the employees in the unit. If such representative was not decided, each labor union could bargain with the employer for its own member employees. Representative union's authority was not necessarily exclusive and could be limited, however, with regard to the scope of either employees or subjects it would represent. Introduction of the duty to bargain in good faith and the system of bargaining unit and bargaining representative was discarded in the 8th draft.

After reviewing the legislative history, the author insists that it would be meaningful to revisit an idea to legislate that bargaining shall be "in good faith" and to stipulate a basic definition of bargaining in good faith. Failure to introduce in 1949 the system of exclusive representation means, the author argues, lack of a system of uniform determination of working conditions in the field of labor law, since the system of extension of a collective bargaining agreement that came to cover three-fourth or more employees in a plant or establishment to remaining employees in that plant or establishment, which has been in existence in the TUL since 1945, is exceptional. Further, it is generally considered today that extension of a collective bargaining agreement to members of other labor unions in the establishment is not allowed. While the plural representation system under the present TUL assures the right to organize and bargain collectively of minority employees, majority rule in determining working conditions in a unit can serve to prevent division of labor by employer and thus lead to maintaining and strengthening the bargaining power of employees, as the recommendations of the G.H.Q. for the revision of the TUL of 1945 pointed out. The author contends that it is again necessary to consider whether we should introduce a system of uniform determination of working conditions under majority rule, while allowing "members-only bargaining" where there is no majority union, from a viewpoint of strengthening the bargaining power of employees.

Legislative Process of the Trade Union Law of 1949 Regarding the Provisions to Prohibit and Redress Unfair Labor Practices: Pressure for Americanization, Counteraction, and Fractures

Hiroya NAKAKUBO

This article analyzes how the current unfair labor practices system was developed in the legislative process of the Trade Union Law of 1949, which replaced the "direct-punishment" mechanism of the former 1945 Law with the one modeled after the National Labor Relations Act of United States. From the study of both substantive and procedural provisions, it shows that the Americanization was compromised in several important ways, resulting in unique and partly unfortunate characters of today's Japanese system.

I Introduction

SUMMARY

II Preparatory Analysis

III Development of ULP Provisions in the Legislative Process of 1949

IV Some Observations

V Conclusion

The Establishment of the Labor Relations Commission in 1945 and 1949

Susumu NODA

The Labor Relations Commission (LRC) system in Japan was established under the Trade Union law 1945, and was reformed once under the amendment of it (Trade Union Law 1949). Since then, there have been no major changes in the Labor Relations Commission system.

The LRC in 1945 had wide competence, including submitting the proposition for the improvement of the working conditions. There was no difference in authorities between the Central Labor Relations Commission (CLRC) and the Local Labor Relations Commission (LLRC). Both bodies consist of the members representing workers, employers and "the third-party", which had equal authorities in their activities.

The LRC in 1949, which was reformed by the suggestions of GHQ (General Headquarter of Allied Powers), on the contrary, had a limited power. It almost had no function except in the ADR system. Under the Trade Union Law 1949, the CLRC was granted a superior power (to review the decisions of the LLRC) over the procedure of the unfair labor practice, as well as the public members became dominant in the Commission.

Since the LRC was established over 70 years ago, the problems confronting it became enormous, which made the LRC unable to play its role properly in dealing with the affairs about labor relations. Today, an urgent reform is needed and it is essential to review the good points of LRC system in 1945 to carry it out.

The Ideological Clash between the Post-war Japanese Industrial Relations Systems and the American Model?: An Analysis of the Enactment Processes of Trade Union Law in 1949 from Industrial Relations Research Perspectives

Michio NITTA

The paper examines the enactment processes of Trade Union Law in 1949, a revision from the original 1945 Law, from the perspective of industrial relations research. Based on the latest research on texts and documents related to the process by labor lawyers, it focuses on the topics of the ban on financial assistance to the unions from employers and conflicts over labor agreements and tries to understand behaviors and ideologies of the actors in the processes, namely management, labor and the government. Particularly important was the intervention by the General Headquarters of the Supreme Commander of Allied Powers that had strong power over the decision making by the Japanese Government in the period of Occupation. It reconsiders various paths that Japanese

SUMMARY

industrial relations systems could have followed at the critical juncture of 1949.

The union movements in the post-war period in Japan were unique both in their organizational structures and in behaviors compared to their counterparts in the pre-war period and to those in the period after 1950. Among others, they relied almost totally on employers in terms of finance and they won labor agreements that could be extended automatically even if one party wished to terminate and adamantly opposed any attempt by the employers to change the unique clause. The 1949 Trade Union Law prohibited both practices, resulting in major blows to the unions.

SCAP and Ministry of Labor insisted that those practices are against common sense of labor movements of the world and should be eliminated to ensure the independence of unions from employers and to keep labor agreements as the joint regulations periodically agreed-upon between management and labor. Unions strongly opposed those clauses because they put unbearable financial burden on the labor movement and robbed it of employment security clauses.

SCAP prevailed, fully utilizing commanding power of the Occupation Army. Unions faced financial difficulties and were forced to cutback activities because they could field much smaller number of officers supported only by union dues. Revised labor agreements or loss of entire labor agreements provided serious blows to the unions, particularly robbing them of strongholds to protect employment security against major discharges caused by the shock-therapy economic reform from controlled economy to market economy. Hundreds of thousands of union members lost their jobs despite desperate resistance of unions both in private and public sectors in 1950 and 1951.

Discussions in the past on the 1949 Trade Union Law stressed either the notion of reform necessary to keep Japanese unions in line with the common sense of the world (in reality an American Model) or the political attack on labor unions by the Japanese government and ESCAP to put the burden of economic reform on the workers. The arguments of this paper differ from those discussions in two ways. One is that we need to focus both moments described above. Another is that the law reform based on a perceived American Model forced Japanese labor movement to follow a different path from their counterparts in other countries. Especially problematic was the clause strictly prohibited financial support by the employers and the intentional negligence of Joint Labor Management Councils that had played important roles in industrial relations at plants and companies levels.

編集後記

◇ 本号は、2014年10月19日（日）に静岡大学で開催された第128回大会の大シンポジウム報告論文を中心に、回顧と展望を加えて構成されている。「労働組合法立法史の意義と課題」という統一テーマのもとで行われた大シンポジウムでは、昭和20年労働組合法及び昭和24年労働組合法の立法過程からみた、団体交渉や労働協約制度の意義、不当労働行為制度、労働委員会制度の意義や課題について興味深い報告がなされ、活発な議論が行われた。また国士舘大学の仁田道夫先生にもご参加いただき、労使関係論の立場から、昭和24年労組法改正過程について重要な視座の提供をいただいた。

◇ 本誌の発行スケジュールとの関係で、各執筆者の方々には、短期間でのご執筆をお願いし、ご協力いただいた。また、名古道功査読委員長及び査読委員の先生方には、短期間での査読作業であったにもかかわらず、迅速かつ丁寧な査読作業を行っていただいた。この場を借りて皆様に心より感謝申し上げたい。

◇ 最後に、本号の編集に当たっては、これまでと同様に、法律文化社の小西英央氏に大変お世話になった。心より御礼申し上げたい。

（緒方桂子／記）

《学会誌編集委員会》
唐津博（委員長），戸谷義治，畑井清隆，藤内和公，大木正俊，奥貫妃文，成田史子，長谷川珠子，神吉知郁子，坂井岳夫，河合塁，山本陽大，緒方桂子（2015年2月現在）

労働組合法立法史の意義と課題　　日本労働法学会誌125号

2015年5月10日　印　刷
2015年5月20日　発　行

編　集　者　日本労働法学会
発　行　者

印刷所　株式会社 共同印刷工業　〒615-0052 京都市右京区西院清水町156-1
　　　　　　　　　　　　　　　　電　話　(075)313-1010

発売元　株式会社 法律文化社　〒603-8053 京都市北区上賀茂岩ヶ垣内町71
　　　　　　　　　　　　　　　電　話　(075)791-7131
　　　　　　　　　　　　　　　ＦＡＸ　(075)721-8400

2015 © 日本労働法学会　Printed in Japan
装丁　白沢　正
ISBN978-4-589-03678-0